當時無法說出口

「意義療法」給你坦誠的勇氣，
解開束縛不再沉默，迎向自由的人生

WEIL ICH ES DIR NICHT SAGEN KONNTE

Vom Schatten des Schweigens
zur befreienden Wahrheit

Prof. Dr.
Uwe Böschemeyer

醫學教授
伍衛・波薛麥爾——著　不言——譯

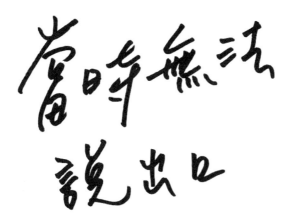

獻給我的妻子　克莉絲提安娜

目錄

前言

《當時無法說出口》——我的出版商漢納斯．史部納博士（Dr. Hannes Steiner）建議我用這個題目寫一本新書時，我有如觸了電一般，當下就明白這個主題十分重要。許多人、太多太多人內心背負著壓力，導致生活品質降低，甚至選擇結束自己的生命。壓力有各種肇因，但是**加重生活負擔的並不是壓力，反而是當事人沒有說出那件對其造成壓力的事。然而，沉默不只對當事人造成影響，還會影響其親人和周遭的人。**

如果我們能把說不出口的事情說出來，能有更多坦誠的勇氣會有多好！我們會對自己的狀況比較釋懷，也能讓社會更充滿人性。這只是個烏托邦嗎？只有「科技至上」的人才這麼想。

我在書中描述的例子大部分都出自我的執業經驗，相關人士當然都匿名，真實身分不會被辨識出來。每個例子後面都有一小段省思語。對我而言，這段省思語不是用來仔細討論每個案例，而是我個人對這些案例的感觸。我希望，從這些案例看到切身情境的讀者們，能夠感到自身獲得理解、受到鼓舞，進而說出長久以來的沉重負擔。

我也很重視其中的兩個自殺案例，並且把它們當作範例，說明自殺並非命中註定——只要在悲劇發生前，有機會說出來。

我對其中三個案例的討論多於其他例子。第一個是〈那讓我太羞愧〉，描述一個有強迫症的男性遭遇的困境，以及他的羞愧感，這可能有幾百萬人感到熟悉的情況。第二個案例是〈怯懦導致的失敗婚姻〉，描述一位男性花了兩年，才提起勇氣告訴妻子他有外遇。鑑於德國每年大約有二十萬對婚姻破裂，可能還有相等數量的伴侶分手，我認為進一步探討這個問題有其必要。第三個例子發生在職場上，與他人相處的焦慮帶來的後果，也強烈影響個人生活，因此我仔細敘述一個男性患者面對自己上司的焦慮，他和妻子顯然絕望地隱忍了三年。

本書想鼓勵讀者對一個或多個親密的人說出對方應該知道的事情。例如有位女士在幼年被祖父性侵，而她的丈夫對此一無所知，不知道為何妻子如此抗拒親密行為，也無法設想該如何幫助她。

我不是想說服任何人把「一切」都說出來，甚至是「那個」祕密；相反的，我想呼籲大家將被壓抑的、超過個人心靈所能承擔的事件、經歷、經驗，託付給某個人——只要這麼做有其意義。

德國作家威廉·布緒（Wilhelm Busch, 1832-1908）說：「有些真相不該說出來，有些沒必要說，有些絕對要說。」

此外，我要感謝我的妻子，她撥出許多時間和我討論這本書，給我許多珍貴的意見。

序

直到最近一年，我邁入七十五歲，我想要閱讀有關武裝禁衛軍資料，觀看那時的電影，以及研讀納粹檔案的衝動才平撫下來。我不知道想了多久，思考為何我父親偏偏「加入」納粹親衛隊，他曾「做過」什麼，他是否也殺了人，或是——也許——只不過坐在「書桌」前而已。

我和雙親住在距離薩克森豪森（Sachsenhausen）集中營只有幾公里的地方，在柏林附近。如果某人問我在這裡是否有家的感覺，這對其他孩子雖然是很普通的問題，我卻很難回答。我的母親在家裡，這樣很好；我記得從廚房窗戶看出去，會看到我很怕的那隻大火雞。我只認得到「殖民地商品店[1]」的路，但我從來不敢走。今日看來，我覺得這個殘忍集

1／專賣德國殖民地產品的商店。

中營汙染了整個周邊地區。在我人生的這個早期階段，我幾乎不記得我父親，因為他總是在「值勤」。

只有一九四三／四四年除夕我才看到他，還有他的「同事」。在我孩子氣的眼睛裡，他們穿著的黑色制服非常漂亮，配著長軍刀。只不過我的印象模糊，不記得我是否想過「這鋒銳的東西」是怎麼一回事。

後來——當時我已經上大學——我母親告訴我，我父親經常心情沉重地回家，面對她的追問，他只說：「還是不要告訴妳吧。」**如果他說了該多好！**

對他，我知道的具體狀況不多，這個男人，我父親，是那樣陌生，但是很好聞。在戰爭結束前短短幾個星期裡，我有比較長的時間感受他的存在，他對我那麼好，把我抱在他強壯的懷裡。但他後來再也沒回家了。

要是我能更了解他一些該有多好！不僅了解他在何處戰鬥，或是他受過的傷，還有讓我幾乎一生耿耿於懷的巨大陰影是如何造成的，因為我不知道這張漂亮、可親的男性臉孔後面藏著什麼，我本來可以省去許多內心糾纏。我追根究底的渴望也許有一天會平息，但是直到不久前，每次只要想到父親，我內心總是湧上深深的哀傷，有時也有強烈的憤怒。

沒有實際數字指出有多少人心裡藏著、守著祕密，使他們不安，束縛他們，壓抑、折磨他們，使他們產生罪惡感，導致人際關係不和諧，主宰著他們的生命。有些人曾經想要，或覺得也該把心裡的事告訴另一個人，好比自己的丈夫、妻子、兄弟、姊妹、朋友，甚至告訴法官，卻總是說不出口，不管說不出的是什麼。一旦這件事說了出來，然後被問到：「為什麼不早說？」他們的答案經常是：「因為當時無法告訴你。」

為什麼說不出口？因為羞愧？因為驕傲？因為憂慮？因為不想失去對方？為了不想傷害他或她？為了偷偷報復他或她？我們可以找出更多人們保守祕密的動機，那些他們內心不喜歡的事情。但我深信，大部分相當誠懇的解釋，只不過是沉默的引發源，卻非真正的肇因。那麼，真正的肇因是什麼？

人們沒有意識到，如果把心裡深深牽掛的事情，告訴應該得知這個祕密的人，會帶來多麼大的益處，使人變得多麼自由、多輕盈，當下的生命會多麼不同。不是隨時都要這麼做，也不是不顧一切，通常是被指望保守祕密的人自己過不了這一關。但是，只要能鼓起勇氣走出沉默陰影，就會不一樣。會比較自由、自信地生活。即使其他人不能或並未立刻給予「正面」回應，但是在可見的時間內，當事人多半能有這樣的轉變。

人們面對沉重、但該說出來的事情，無疑有不同的做法：

- 完美主義者：並不容易「揭穿」祕密，可能是因為他的「告白」，會對他個人期望、其他人迄今對他的有利形象，造成嚴重傷害。
- 自我犧牲者：認為自己最重要的任務在於為他人犧牲，這樣的人也不容易說出祕密。他不指望別人，如果應該要有個人去幫助別人，那個人就是自己。

- 非常外向的「行動者」：這樣的人也容易保守祕密。只有在心靈或身體不舒適的時候，他的內在世界才會引起他的注意。
- 性格浪漫、充滿藝術家氣質者：對他們而言，祕密就是生命的一部分，但是他夠細心，得以區分刻意隱藏的事實、和他心靈非常個人的面向。因此他能提起勇氣，說出其他人應該知道的事情。
- 理性分析者：這類人會仔細衡量，評估說出哪些事情才安全、合理。如果他認為說出祕密會「害死」別人，那麼他就該保密，也能帶著祕密好好活下去。
- 特別需要和別人共同生活者：這類人會出於兩個理由而不容易保密。一是他對他人有深刻的義務意識，再則，他可能害怕失去他人。

- 天之驕子型：這樣的樂天派，世界對他通常就像成年人的遊樂場，生命是美好的。「就這樣！」「少拿你們的問題來煩我！」但假設他發生例如外遇等情事，他的沉默障壁會出現一道細縫，他會認為，說出他的「真相」，可能是個好主意。
- 作風強勢的「老大」：這種說一是一的主管、強人，傾向控制他人而非自己的人們，一旦出了問題，多半並不樂意捫心自問。他們願意對他人說出祕密嗎？如果他意識到，保守祕密代表著他有弱點，他就會「坦承」某些可說的事情。
- 「全面靜默」型：他們行事慎重，只會偶爾跨出一點，說出自己的想法。他們傾向將抑鬱的祕密深深埋在內心，卻又深深為其所苦。

但是首要重點，不在於某人因為什麼個性而有什麼傾向，而是在於他意識到，如果他願意「說」，讓內心重擔減輕了，他將得到什麼收穫[2]。

2／請參考伍衛．波薛麥爾（Uwe Böschemeyer）著：《不只於此—我們如何變成我們可能的樣子》（Du bist viel mehr. Wie wir werden, was wir sein könnten），薩爾茲堡，二〇一〇年出版。

關於「價值導向對話」

以價值為導向的對話，指的不只是人與人之間的交談。「交談」只是各自說出這一刻所想、所接收、所感受，在非常有限的程度上表達自我。價值導向的「對話」尤其依賴談話對象尚未想到、感覺到以及未說出來的話來延續：藉由擴充思考及感覺境界來維持對談，以朝向新的價值及感官經驗來延續對話。唯有參與者對這方面保持開放，才能經歷一段具有釋放效果的對話。

非常重要的一點：心靈是多聲道，有許多聲音，許多思緒，很多話語。心靈是「儲存槽」，也是思緒和感覺變化無限寬廣的網絡。人最初的表達，只是所想的一小部分。順暢的對話需要一定的先決條件，如以下三點：

- 我為重要對談做準備，因此我需要安靜。安靜是心神集中的「處所」，心靈能比平常更清楚地表達出來，讓忽略的想法和感覺重新獲得空間，敞開通往直覺的大門，心靈的畫面清晰可見，得以感受活著的原因。語言的根源顯現出來，話語變得根本、真實、直接。在寂靜之中，我讓即將面對的臉龐浮現，我想到有關對方的想法、點子和話語。
- 必須要知道：如果某人對他人說出「事實」，對方一定不會愉悅地面對這個人；如果告訴他人不愉快的事情，對方一定不會高興。有些人會害怕，如果他們的行為過於直接，會失去對方的好感，甚至失去對方的愛。但是通常恰恰相反：舉止明確地面對他人者，雖然不會讓對方愉悅，卻或許能贏得對方的敬重，長期而言不會失去對方的好感。

- 具體「步驟」：

—彼此交談的意願

—真誠

—看著對方以表達尊重

—讓別人把話說完，讓對方有時間也試著說一些至今的難言之隱

—如果有疑問就詢問對方

—不只是聽，還要「仔細傾聽」

—意識到他人的觀點和我的不同

—盡可能不要把自己的問題推到別人身上

—尤其要在他人身上找到值得珍惜的部分

—偶爾也要接受相對無言，並且等待新的話語出現

—詢問如何從談話中求出解答

*　　　　*

為了進入我們的主題，我要向親愛的讀者們說一個南美的小故事，當作本書核心課題的序幕。

1

我不能傷害她──寫給母親的一封信

親愛的媽媽，

我在這裡很好，一切就像我所期望，到達之後立刻就找到工作，每週賺四十披索，我用這筆錢過得像糖廠廠主帕可先生一樣舒服。

我還沒有買到我答應妳的衣服，我想找家好商店再買。看到羅莎請幫我告訴她，我會帶禮物給她的孩子。也許我可以拍張照片，然後寄給妳。幾天前，我看到老瑪麗亞的兒子費羅，他也找到工作了，但是賺得比我少。

我先寫到這。不要忘記寫信給我，把你們身邊發生的所有事情告訴我。

妳的愛兒 胡安

聖胡安，波多黎各

一九七九年三月八日

他在信上簽名，小心地把髒汙發皺的信紙折好，放進襯衫口袋。他走到最近的郵局，把帽子拉到額頭，蹲在入口的門檻上。他把左手向內縮，裝出手有殘疾的樣子，然後把右手向前伸，手心朝上。

收集到十二分錢之後，他買了信封和郵票，把信寄出去[3]。

＊

胡安把信投進郵筒之後，他會有什麼樣的感覺？我猜應該十分複雜。也許他心裡浮現母親手裡拿著信，因為他（似乎）過得不錯而鬆了一口氣。他想，或許她也對他感到驕傲。但事實卻完全是另一回事，他感覺自己的胸口緊縮，開始覺得慚愧，他的表裡不一，多麼令她失望……

如果胡安沒有欺騙母親，如果他有勇氣告訴母親實話，結果會怎樣？如果他描述了自己在聖胡安的真實生活方式會怎樣？他會因此獲得什麼

3／荷西．路易斯．葦薩雷茲（José Luis Gonyález）：《家書》（Der Brief），出自：彼得．舒徹－克拉夫特（Peter Schultze-Kraft）出版：《群山之主——新舊時代南美故事集》（Der Herr der Berge. Südamerikanische Geschichten aus alten und neuen Zeiten），達姆史達德／諾矣威德，一九七九，頁一四七。

嗎？

剛開始不會。母親一定會寫信，要他盡快回家，他會因此陷入矛盾。一方面是聖胡安難道沒有吸引他前來碰碰運氣嗎？他難道就這樣不去嘗試在此站穩腳步嗎？另一方面：順著母親的期望不是比較理智嗎？難道不該是時候放棄在遠方追求幸運的夢想嗎？

那麼：如果他對母親說實話，他會有什麼收穫？我不知道。也許在最初的羞愧感之後，會先感到放鬆：「說出來了，現在她知道了，我辦到了，再也沒有藉口、沒有謊言。我覺得比較自由，我對自己坦白一切！我好奇現在會發生什麼，我總是以此為師，總會有些點子……」

真誠的勇氣

「真誠」是我們所思、所說和所為達成一致，如果我們符合這其中所謂的「真誠」，我們就會覺得和自我合而為一，身在平衡之中，具備持久力。於是我們不需要藉口、理由、遮掩以及謊言；我們不需要壓抑，平白消耗許多能量。因此真誠是和自身、他人以及周遭世界建立成功連結的基礎，這同時也意謂著，不真誠將為我們自身、他人以及周遭世界製造衝突。

因此，凡是對某件個人重要的事實避而不談，而且是另一個人應該知道的事實，沒有傳達出「內心聲音」的人，就會處於壓力之下，陷入他實際行為相對於選擇性思考、表達和作為之間的緊張關係。他因此和自己不一致，不能放鬆、不滿意，也時常不快樂，對自己感到陌生，與內在失聯，因為他幾乎無法跨越自己所想、所說和所做之間的鴻溝。於是，他當然對那些「地方」，在那些有著意義等待著他的地方之前，築起障礙。

真誠的勇氣是什麼？

首先：勇氣是強烈的感覺，不隨便接受內在、外在的壓迫，而是能自行施加影響力。

勇氣絕非只是與生俱來的個性，絕非聰明教育的結果。勇氣是一個人的精神天賦，雖然可能沒有發揮、被擠壓、被否認和被動搖，但從不會失去，因為它深植於「無意識」之中。

綜合以上，真誠的勇氣是說出或做出困難的事情，並且承受可能後果的意願，而這種意願是任何人都具備的潛力，能「堅定」地克服憂慮，盡量不給憂慮任何空間。

我如何找到坦誠的勇氣？

只要我讓自己意識到：

- 再沒有比封鎖真相更造成我的負擔，這個真相是另一個人應該知道的事。
- 幾乎沒有任何事比不夠坦誠對一段關係造成的負擔更大。
- 只有信賴能強化一段關係。

‧「自行告白」最讓人覺得可親。
‧接受異於自我認同的事物，最能促進自我認同以及和他人的關係。
‧最能凸顯意義的是，承擔自己和別人不喜歡承認的事情。

我可以找到坦誠的勇氣

‧當我清楚，我對壓抑我心靈的「某事」沉默不語的代價是什麼。
‧當我提出問題：「要是我說出『某事』會怎樣？」，並且把我的注意力完全集中在可行性上面。因為始終朝向我心所欲，就為精神開啟了讓期望成真的道路。
‧當我具體想像那些不知道我「祕密」的其他人，他們卻（可能）值得知悉已經長久困擾我的事情。
‧當我問「內在聲音」：「接下來輪到什麼」。

• 當我問自己對其他人會有什麼期望，如果對方隱瞞我重要的事情[4]。

於是乎，真誠、清楚、並且行為適切的人能表達自我，個人特質清晰可辨。他避免誤會，他要求他人、鼓勵他人也要做個明白的人。美國作家賽珍珠說：「真相一直都令人激昂，所以就說出來吧！生活沒有真相就太荒涼了。」

4／針對「勇氣」這個主題請參考伍衛・波薛麥爾所著：《為何不──關於不可能的可能性》，第二版，薩爾茲堡，二〇一四年，頁一四四以下。

接著我要回到戰爭事件及其影響的後果。下一章的例子特別讓我感動，因為我認識故事中的女主角已經很久了。即使如此，直到不久前，我都對長時間左右她生命的事情一無所知。我多希望早一點知道她的故事，因為我如果能夠深入了解，或許也能使我自己的生命有所收穫。

* *

戰爭讓我的家族無言

長久以來我都不相信環境對孩子的影響會從母親懷孕就開始，然職業經驗教會我的卻完全是另一回事。身為戰爭兒童及戰後兒童，我也不太清楚那些年的悲慘影響兒童到什麼程度，我們本身就是那時代的孩子，只認識那個時代。我們還必須要思辯這個主題多久？

幾個星期前，莉莎、我太太和我坐在一家陽光照耀的餐廳裡。我們夫妻和莉莎是多年的朋友，她是個受過良好教育、活潑而且非常討人喜歡的女士。我向她提起我的著作時，她靠回椅背，一臉高深莫測：「我可以為這本書做些貢獻。」然後她開始敘述：

我父親在五〇年代是西德一個小城的藝術家，就在他母親房子裡獨立開業，我母親也從事相關行業，兩人一起為家庭賺錢。我很快就誕生成為家族一員，從一出生，我就在祖母身邊長大。祖母是個幹練、堅決、非常勤勞的女性，她就住在隔壁房子，整個心思都為了家族。我當時非常想我母親。我十年前和丈夫關係破裂，心情非常惡劣，在接受治療的時候，我才找到通往我早年記憶的路徑。

在我的學業即將完成之前不久，我拜託我祖母說說她的生平，她神采飛揚地說起她的童年和少女時期。這時我注意到，當她提起她的四個兄弟，話中還涉及另一個人。我不斷追問，她坦承自己還有第五個兄弟，但是他不曾出現在家族史裡，等於是快三十歲時才得知他的存在。我開始研究，發現祖母的這個兄弟在戰爭末期死去；畢業二十年後我才繼續我的家族史研究，而我祖母的墓碑——那時她早已過世——只有四個兄弟的署名，少了第五個名字。我在那之後才得知她第五個兄弟的故事。

他曾是小城火車站站長。有些郵包原本應該寄送到前線，卻因為收件士兵已經不在人世而被退回，他於是竊佔好幾個郵包。竊佔事件被一個區長報告上去之後，我這個叔公立刻就被逮捕。一九四四年十月，他以違反戰爭法的罪名被起訴。他的姊姊（我的祖母）求助於一個後來成名的政治家，拜託他把「絞刑」判決延遲到戰後執行，但是沒有成功。

在叔公被處決前不久，他被架上一部手推車，上面放滿郵包，從車站遊行到他雙親家。人們在他脖子上掛了一塊牌子，上面寫著

「戰爭罪犯」。小城的人們夾道圍觀，吐他口水、咒罵他。祖母這時從側巷奔向弟弟，拉起車一直走到雙親家。圍觀的人散去，不得不佩服她。行刑之後，他的屍體被丟進麥茵河。曾祖母，也就是被吊死兒子的母親，一直等著他回來。祖母顯然也瞞著她，直到她過世前都不知道她兒子已經死了。

戰爭一結束，我祖父罹患腸癌，兩年後悽慘的死去。祖母在黑市出售她所有的首飾，向美國人買嗎啡，好讓她比較容易忍受丈夫的死亡。據我所知，她四〇年代末已經生不如死——她非常寂寞，丈夫已死，母親已逝，最親愛的兄弟被吊死，其他兄弟住在遠方，只剩下她女兒和女婿。

我來到這世界上被交給她的時候，我是她死氣沉沉的生命裡唯一的生氣。但是我和她的關係就像地獄一樣，她顯然無法忍受我的活潑，她盡一切所能限制我的活力，拘束我、折磨我，要我不能尖叫、不能笑、要乖、不能存在，基本上就是要像她一樣死氣沉沉。想到她就想起死亡的冰冷，她在戰爭結束時已經這樣死過一次，我想是我讓她活著。照顧瀕死之人這種重擔被轉嫁到我的生命，我卻不知道原因何在。

我的老爸爸不久前告訴我，我母親在我出生前曾要他發誓，絕不要跟祖母提起戰爭末期的事，也不要問起四〇年代末發生什麼事，因為擔心祖母再也承受不了。但是這導致那時吹來的死亡氣息，決定了我的童年，以及我的大半生。

「省思」

薩賓娜・博德（Sabine Bode）於二〇〇五年出版的重要著作《遺忘的世代》（*Die vergessene Generation*）第十三版序寫著：「有四分之一到三分之一的人，以幼兒之齡經歷了戰爭和驅逐，或是必須承受雙親之一死亡，直到今日都還感覺其沉重。」此外，其中百分之八到十罹患心理疾病。目前在醫學上也不斷提及，有相當比例的病人受戰爭症候群所苦。困難的家族關係，也常是戰爭和納粹時期的後續效應，許多人的手足完全拒絕談到戰爭這個話題。薩賓娜・博德說：「就連戰爭兒童的孩子……也抱怨，因為沉默和家族祕密而承受的負擔有多大——根據他們的看法，直到今日依舊造成世代間的緊張……（但是）**沒有處理記憶，自**

己的生命就沒有持續感，沒有持續感就沒有正面的自我認同。」[5] 君特．葛拉斯（Günter Grass）在他的小說《螃蟹橫行》（*Im Krebsgang*）裡也證實這個狀況[6]：「永遠不應發生……坦承的悔意在這些年裡曾經迫切，但因為自己的過錯太大，只能對這麼多的苦保持沉默。」克服沉默的迫切性被迪特里希．朋霍佛（Dietrich Bonhoeffer）更精確地描述，他是神學家和反抗鬥士，在戰爭結束前不久被納粹謀殺。他表示，他對宣信會（Bekennende Kirche）的同仁感到羞愧，因為他們對迫害猶太人以及二次大戰的備戰保持沉默。異常激動之下，他對著隨音樂而情緒高昂的教區牧師說：「只有曾為猶太人大聲疾呼的人才許唱聖歌。」他批評他的教會：「因為無辜者的血向天堂吶喊，教會本應大聲呼籲，但卻相反地保持沉默。」[7] 根據薩賓娜．博德的說法，熱烈的討論一觸即發，甚至引發一場巨大的紀念浪潮，直到今日尚未消退。

每當「遺忘世代」的人來找我，我總會注意到他們是怎麼費力地說

5／薩賓娜．博德：《遺忘世代——戰爭兒童打破沉默》，第十三版，慕尼黑，二〇一〇年，頁十一以下。

6／君特．葛拉斯：《螃蟹橫行》，第九版，慕尼黑，二〇一四年。

7／取自克里斯提安．費鄂德曼（Christian Feldmann）：《迪特里希．朋霍佛——『我們本該大聲疾呼』，一生為見證》（Dietrich Bonhoeffer – „Wir hätten schreien müssen". Ein Leben. Ein Zeugnis），佛萊堡，二〇一五年，頁九一以下。

起眼前的問題。說起自己——他們從沒學過怎麼說出自己的故事；不管從前或現在，這麼做似乎無關緊要。幸運的是，說起從前發生過的事情，對許多人而言，那些事顯得很遙遠，以致於他們並未真的看清這些談話的意義所在。

如前言提及，我本人就是個戰爭兒童。然而，即使我已經完成無數的自學課程，長時間以來，我都很難和戰爭及戰後畫面拉開距離。我眼前一再浮現——只是舉個例子——好比一九四四年的棕枝主日，一個明亮的春天，天空突然變黑，我和身邊的人心裡都充滿憂慮，看著這有如末世的一幕。我們不知道距離二十公里處有家紙工廠被炸彈擊中，燃燒的紙張讓整個地區陷入黑暗。直到今日我都還能進一步描述細節，但是沒有人和我談起那一天，後來也未曾說起這毛骨悚然的畫面。沒人有那種認知和勇氣能對我說明，為何在那個明亮的春天，會有這樣一幅可怕的畫面，侵入我幼小的心靈。許多兒童經歷過同樣的事情，而且比我還糟糕得多。

語言是心靈和精神的表達方式，傳達我們和自己及他人的關係，描述我們對現實的感覺，並且創造了新的現實。那麼當我們說不出話的時候呢？我們就和自己有所隔閡，和他者之間的橋樑斷裂，由沉默主導一切。然而這與存在主義所說的深刻經驗無關，僅存在一種空洞的表達。而空洞的存在，是沒有意義的。

5

我不能對丈夫說起性侵

我永遠無法習慣門診裡的某些課題，其中最難接受的是虐待。一個人侵犯他人，而且顯然不了解他的粗暴，致使對方的生活受到嚴重干擾，甚至可能摧毀對方的生命。

我不得已讓她等了二十分鐘，因為我有個「急診」。我向她鄭重致歉，但她只是輕聲地說：「沒關係。」

我問她，什麼事讓她來找我，她沒看我，只是失神一般望著前方。我詢問她一路上是否舟車勞頓，好讓她容易進入情況，於是我們慢慢開始談話。

這位女士三十三歲，已婚，有兩個孩子，有個半天的工作。「什麼事讓我來找您？」她重新接上我的話，接著說：「我有個很棒的丈夫，英俊、聰明、事業成功，許多人喜歡他，我非常愛他。但是我——我再也無法和他行房，而且我也知道為什麼。」她坐直身子，看著我：「我丈夫完全沒做錯事，他對我很好，絲毫沒責備我。我有時知道他想要我，但是我做不到。」

「您大概知道自己為何做不到嗎？」我謹慎地問她，她羞赧地側看著我，告訴我她的故事：

從前放假的時候，她經常和雙親一起到祖父母家作客，他們擁有一家漂亮的旅館。祖母在她口中是個可親的人，她把祖母描述得那麼詳細，讓我不禁問她：「那祖父呢？」她低語：「因為他，我才會來這裡。」

她說起祖父曾經多次性侵她。第一次她五歲，最後一次，她十歲。難道她不能立刻告訴雙親「那件事」？不能，因為祖父再三叮嚀，如果她告訴任何人一個字，就把她丟進附近的河裡。「我那時好怕他！」

「您的丈夫——他知道您的經歷嗎？」

「不知道。面對他，我總覺得自己很髒，沒有價值。以前我經常想，我應該去當妓女。我什麼都沒有對他說，因為我害怕他會離開我。」靜默。

「抱歉，」我又展開對話，「您怎麼忍受這麼久，都沒有告訴丈夫自己被性侵的事？」她於是說起她如何認識她丈夫，學著去愛他，以及他在報紙上看到類似「案例」時，他總說：「我大概會殺了這傢伙！」此後她雖然一再「醞釀」想對他全盤托出，但是每次勇氣都離她而去。

「我可以問一下，這麼長的時間，您都怎麼過的？」

「我過去和現在都覺得寂寞，對於我們沒有正常的婚姻生活感到哀傷，我丈夫和我之間產生一道不可見的鴻溝，而我無法告訴他為什麼我是這個樣子。有時我靠在他的肩膀上哭泣，他會撫著我的頭髮說：『一切都會好起來，一切都會好起來的。』」

「那麼，」我問她：「如果您能夠對他說：『我愛你，但是我不能再繼續瞞著你該知道的事情。』會怎樣呢？」

她再次前來的時候，心情非常鬱悶。她兩晚徹夜未眠之後決定告訴丈夫「一切」，也思考過丈夫可能離開的風險。「反正我不管怎樣都孤單。」她倔強地補充。

「如果您丈夫的舉止完全不如您所想像，好比他根本什麼都沒說，只是靜靜地擁抱您呢？」

「那會美好得不像真的。」她笑著，同時也哭出來。

在她實現她的決定之前，我們還需要一連串的諮商。那麼她丈夫呢？不僅他的妻子，他也需要一些時間，好讓彼此在身體上及心靈上習慣對方。過去，因為雙方從不曾把愛當賭注，未來，他們終究還是會找回彼此。

「省思」

女性被男性侵犯的頻率多高啊！多少女性卻沒有說出口，為什麼不？因為許多人無法說出來。但是如果她們不說，她們可能滯留在這麼殘酷的經歷裡受到束縛，內心「無法擺脫」這些施虐者。憤怒和恨意，加上奇怪的罪惡感，都會一直留存著。事件一再主宰夢境，性侵牽制這些女性的生命。如果沒有深入面對、思考這種殘酷經歷，心靈不管向內或向外，都會封閉起來。

性侵和強暴是違反人性的行為，不論在何種情況下都不應隱忍。這些行為不僅是個人問題，也是社會問題。因此媒體不僅報導事件本身——媒體在這方面說得夠多了——重要的是，也必須比從前更加深入探討這些罪行的肇因。

受到侵犯的女性前來求助於我，我（當然）會讓她自行決定想告訴我什麼，也許不是一次全部說完，也許有些晚幾次再說。在我看來，最重要的協助方式是找出她們的「價值想像」，這是一種治療創傷的謹慎方式。「價值想像」是刻意進入無意識領域的途徑，無意識乃是人類價值的根源所在。這些價值，好比自由、愛、勇氣、善以及憤怒，當我們把這些價值作為行為準則時，這些價值就化身為人，像個人物，輪廓清楚、充滿感受，非常有力。受害的女性，便是在這些價值或是其他類似的內在虛擬人物保護之下，回溯從前發生的事件，做出她當時沒有能力去做的行為。原則上，需要好幾次價值想像的模擬[8]。

8／請參考伍衛．波薛麥爾所著：《內心深處是光明——價值想像解鎖內心世界》（Unsere Tiefe ist hell. Wertimagination – ein Schlüssel zur inneren Welt），慕尼黑，二〇一四年。

鑑於您剛讀到的章節，在下一章的案例裡，您可能會質疑那其中是否真有什麼「困擾」。但是——我在幾十年的執業當中已經有過這樣的經驗：沒有真正的標準能評判苦難經歷，但是有可能幫助我們把視角轉到正確的方向。

我無法忘記有個女性病患，她從很遠的地方專程前來，臉上有個小凹陷，她深受其苦，痛苦到想自殺。我盡一切努力想看到那個凹陷，真的得非常注意，好不容易才發現。這個女性沒有「精神病」，她只是太執著在她的「困擾」上，使她忽略生命中其他值得開心的事情。我們對困擾的看法，和深受其苦的人，經常都不一樣。

* *

4

我覺得「那裡」很醜——膠著在身體上的困擾

已經過去很久了。我們初見面那時他四十多歲，優雅的西裝、優美的談吐，立刻引起我的注意。我總覺得和他保持距離很重要。

經過比較長的一段時間之後，他才說起他的困擾。起先他抱怨——但他似乎未受影響——他不知道自己是來自哪種家庭。父親、祖父、曾祖父，母親、祖母和曾祖母等等，他們都是能幹的人。「能幹？」「對，成功人士。」「在哪一方面成功呢？」他們一生都有某種成就。他是否能告訴我是哪些成就呢？他顯得困惑，因為他覺得所謂「成功」是很清楚的說法。他清了清嗓子，迷人地對我微笑：「原來心理諮商是這樣啊。」

我稍微大聲地笑了出來，很快接著說：「您的家族有所成就，還有什麼？」這位男士顯得有點不知所措，思索著。「您是問他們是否也快樂嗎？」接著他自行回答，帶著一絲譏刺，在每年舉行的家族聚會上，他看到的快樂臉龐並不特別多。

為什麼只有他前來？「我知道您在想什麼，」他打斷我正尋思的事，「您想知道我為什麼來。要說出來可一點都不簡單。這件事多年來壓抑著我，直到今天都無法對別人說起這件事，不過該是說出來的時候了，否則我會失去我所擁有最珍貴的東西。不，拜託，請您先別說什麼，否則我內在那個沉默者又要壓過我。」

他看著我，望向窗外，臉頰浮上淡淡的羞赧。「有時，尤其是我躺在床上的時候，那個壓力大到我想跳起來離開，只想逃走。但是逃走是最後一個選項，因為如此一來，我就會失去我所擁有的一切。我說過了，我的妻子是個了不起的人，看起來無可挑剔，漂亮、身材絕佳、嗓音令人愉悅。我喜歡聽她說話。她是個好母親，我的家族都喜歡她，她其實沒有任何缺點。」他幾乎冷不防地盯著我，好像需要我的認同似的。

「其實？我可以請教您，您覺得她缺了什麼嗎？」

「我從不曾對她說過，**因為我不能告訴她**。」

「**不能**告訴她？」

「不行，我就是說不出口。那會傷害她，讓我們之間的一切結束。我確定。」

「然而您來到這裡和我說這件事。」他沉默不語，垂下頭：「我只知道不能再繼續這樣下去。」

「如果您對妻子說起『這件事』會怎樣？」

「我們之間的隔閡會加深。她那麼有魅力，可能會投入別人懷裡。」

「那麼如果您告訴我，讓您那麼難以啟齒的事情是什麼，如何？」

「會的，我會的……好吧，老天爺，真是太尷尬了……是這樣，我太太的私處有個『點』，不僅讓我覺得很醜，還很排斥。我妻子想和我行房的時候，我第一個念頭就轉到上面，我無能為力，結果我們幾乎不再有性生活。我們發生親密關係的最初一段時間我還可以視而不見，因為慾念比排斥感強，您知道的。但是隨著時間過去，排斥感越來越強。我猜測這個『點』隨著時間也變大了……更糟的是我不管在行房還是其他時候，都無法看著她的雙眼。她有時問我是不是有什麼心事，不過也已經很久不再問起，每次她問起，我就環抱著她，對她說我非常愛她。這是真的。」他強調，「是，就是這樣！」好像為了不讓自己興起任何懷疑的念頭。

這時我們已經談了超過半小時，我的思緒有片刻開了小差。我自問：

事實上究竟是什麼原因妨礙他對妻子說明他的困擾？他不想傷害妻子？毋庸置疑。他擔心妻子會離開他？一定也有關係。他真的了解他妻子嗎？她真的會離開他嗎？我對他提出這個問題，他良久沒有回答。最後他說：「我不知道，但是我猜測，她在困難的情況下不會立刻讓步。」

我接著問：「如果您對妻子說：『我把一些事情藏在心裡很久了，這樣對我們都不好。』您能想像她會有什麼反應嗎？」

「一開始她或許會嚇一跳，或是錯愕。」他浮躁地問：「然後呢？會怎樣？」

我回答：「然後有相當程度，取決於您自己會怎麼反應。」

重點是在衝突中讓自己意識到，自己和對方是完全不同的人，自己和對方之間勢必會出現距離。察覺我們站在不同的「地方」看問題，盡可能設身處地為對方想，會有很大的幫助——讓對方能表達驚詫有其必要。因此，不要立即反駁，而是保持自制。

我接著說（注意到我開始「說教」）：「請您想像一下，如果您的妻子不像您所擔心地那樣反應，您會有什麼收穫。」

他說：「那會……該怎麼說……很難說……非常好……但如果不是這樣發展呢？如果她正像我擔心地那樣反應呢？」

談話依舊不順利，因此我嘗試鼓動他接受一個想法：他的妻子從驚訝和錯愕恢復過來，並且稍微整理一下自己的思路之後，可能會提出問題，提出問題的人就不會中斷對談，而是——或許——開始打開心胸。

他沉默下來，最後打破寂靜說：「如果真走到這一步，如果我的妻子瞭解長久以來阻礙我們的事情……那麼我們會邁向對方，也許是我們婚姻當中前所未有，比性愛更親密。」我補充說：「然後『那一點』可能從此對您無關緊要，因為您更能直視您的妻子，減少關注『那一點』。」

*

親愛的讀者們想得沒錯：這類談話通常進行得沒那麼順利。他的問題是否存在已久，是否深植於他的內心？他的妻子願意和他談之前，需要的時間難道不會更長嗎？難道她不會感到如此受辱，只想離婚嗎？如果他向妻子說出多年來厭惡的事情，她難道不會說他是個殘酷的人嗎？這些問題都無可厚非。只不過：我的對話者愛他的妻子，因為自己的沉默而受苦、因為沒有對妻子說出「真相」而受苦，不僅想為了自己，也想為妻子而改變這樣的關係。因此，他想要他和妻子能指望「真相」。

在我們談話最後，他問我，他應該如何自我調整，盡可能體諒地告訴妻子這件心事。我們達成一致，認為他必須用自己的話來說，之後我建議：

「我會說：『**如果我不告訴妳我的心事，我會覺得不舒坦，我們之間會一直有種陌生感。如果我告訴妳我的心事，我擔心妳可能生我的氣……或是再也不想看到我。**』談話可以這樣展開。」

根據我的經驗，類似的開頭是通往對話核心的第一步。對方預期會聽到一些令自己沉重的事情，同時感覺到自己對開啟話題者有多重要。

沉默良久之後，他回答：「我將擺脫重負，再也不必找藉口，可以自在地面對她，可以直視她的眼睛。」他似乎定下心來，但是又深深地嘆了一口氣：「但是如果她還是從我身邊走開呢？」

「即使如此，她並不是真的離開您，接下來一定是段艱困時期，然後一切就端視您只看到自己的困境，還是也看到妻子的困境。」

他離開的時候似乎知道自己要什麼了。很久之後，我在一次演講結束後遇到他的妻子，她說她丈夫本來也很想來，但是——我相信她——他有個無法改期的會議。她看起來很輕鬆。

「省思」

我想著這對佳偶如何一年又一年地生活在一起，卻沒有彼此相依。兩人之間存在著無形的隔閡，因為這個隔閡，他們正不知不覺地疏遠彼此。對一些應該攤開來談的事情閉口不談。應該？就是應該。男方雖然深愛女方，卻未坦誠以對；女方雖然深愛男方，卻不知道他的心事。

我也想到了「沉默」在雙方之間留下哪些痕跡：寂寞？怒氣？悲傷？無助？冷漠？想要「丟下一切」？過早決定離開對方？自殺的念頭？

如果兩個人對某件該說出來的事都閉口不談，他們的沉默就像一座斷橋；如果這樣的語言斷橋從此再也無法通過，兩人於是各自守在一端，就像在兩個分開的國度。這樣的沉默，很多時候並非命中註定的必然。

＊

下一章：我覺得他前來的時候非常孤單。他對自己的困境保持沉默幾十年——他怎麼能夠忍受這麼久？

然後他決定對妻子坦白一切。那麼她呢？她的心胸開闊，並且試著理解他。

＊

5

我不想失去家人——同性戀？

他很簡短地打招呼，筆挺地坐著，他說：「我昨晚做了個夢……」我有點匆促地接下去：「而您現在想要告訴我這個夢。」他點點頭：「是，也不是，隨您怎麼想。這個夢讓我注意到某件事，我到今天都還沒有告訴過任何人。」我問他：「注意到什麼事？」他並沒有回答我的問題，只是述說：

他又打電話給艾力克，他每年都打一次電話，三十年來一向如此。艾力克是他的小學同學。第一次相遇，沃夫岡（我們的故事主角）就喜歡他。幾年之後，進入青春期，他和艾力克在一起的時候，有些奇怪的感覺和衝動。有一次，在一個夏日傍晚，他們從游泳池回家的路上，他很想擁抱艾力克，親吻他。當天晚上，沃夫岡徹夜未眠，一直想著艾力克。後來母親搖醒他，問他沒什麼事吧，他只是點點頭。

「我是不是……？」他幾乎說不出那個在他心中逐漸成形的字眼。在學校的下課時間，他曾聽過好幾個男孩一起取笑變成朋友的男人。朋友？他們說的那些男人像男人和女人在一起那樣生活。後來他知道這樣的人被稱為「同志」或說「同性戀」，許多人甚至叫他們「變態」。

「我是同志嗎？」他自問，那時他盯著艾力克好一會兒，艾力克罵他：「什麼啊？你做夢了嗎？」那時候他十六歲。從那一天起，他在學校裡再也無法專心，他的眼光一再搜尋著艾力克的眼睛，每當艾力克對上他的眼光，他就一臉心煩意亂。

學校畢業之後，他和艾力克分別搬到其他城市，他成為一個成功的企業家，結婚，是三個女兒的父親。他認為自己的婚姻「沒問題」，他一直對妻子保持忠誠。他從不曾和其他人有更親密的關係，不管是男性或女性。但是他每年都打一次電話給艾力克。每一次，他一聽到艾力克的聲音，他就覺得——他幾乎耳語地說：「輕飄飄的。」他究竟是怎麼回事？

他們每次通電話大約半個小時。他曾對艾力克說起他的感覺嗎？沒有。就連暗示也沒有？也沒有暗示。為什麼沒有？因為他認為不能對艾力克說起「這事」。為什麼不能？因為「這事」——他覺得——在他們之間已經「沒戲了」。

「這事」到底是否曾經開始？從沃夫岡這一邊來看，是的，在學校那時。那麼從艾力克那一方看來呢？沃夫岡輕聳了一下肩膀，沒有說話。

他的妻子知道他們每年通一次電話嗎？知道。那麼她知道他對艾力克的感覺嗎？這個問題顯然讓他有點難堪。他疊起雙手，深深嘆息，等了好一會兒之後才說：「如果我告訴她艾力克的事情，她一定會覺得受傷，也許會質疑我們的婚姻。也許她會帶著孩子們離開我。」

是否還有什麼他不想說的事情，也許甚至不曾對自己說起？我問他。他不安地看著我說：「有，還有些事。我直到今天都還不知道，在現實當中我究竟是誰或是什麼。我是所謂的異性戀？所謂的同性戀？還是雙性戀？」我沒有立刻回答，然後說：「因為您問起，讓我出現非常不同的感覺：同情、悲傷、憤怒、驚訝。您問您是誰？我看到面前坐著的既非異性戀、同性戀也不是雙性戀。我眼前是一個無法以性取向來理解本質的人，只能透過他的人性來理解。而且，我們的性取向不是我們選擇的，我們只是就是這樣，不是基因的影響，也不是由教育或其他因素決定。我如何「進行」性愛，和這些因素並沒有關係，而是取決於我是否愛著他或她，愛是否主導性愛。有多少「異性戀」男性貶低他們的伴侶，因為他們只想著性，卻不愛對方，只想著宣洩自己的情慾，卻無視妻子的情慾。」我們兩人都沉默下來。

如果他向妻子說起艾力克會怎樣？他用了很多語詞如「一定」「猜想」和「或許」，所以他的妻子一定、猜想以及或許會從他的說明得出結論，雖然除了打電話和面對他從前同學的祕密感覺之外，「沒有發生其他事情」。最可能讓他的妻子震驚的是什麼：他至今不清楚的感覺，還是對她缺乏信賴？她實際上會如何反應？我請他描述他的妻子。

因為這片刻的談話和他無關，他隨之放鬆下來。「嗯，」他開始說：「她是個溫暖的人，非常有分析力，對新事物有開放的心態，對許多東西感興趣，內心獨立、寬容，而且她知道很多……」他顯然對他的妻子感到驕傲。在他重新面向我之後，我讓他再次回想我剛聽到的，我期待他的反應。最後他抬起眉毛說：「我知道您在想什麼。」他難道不能信賴這位有著如此胸懷、這般內心獨立的女士，不能和她說起他內心最深處的問題？慢慢地，非常緩慢地，他開始點頭：「可以的，可以的……」

沃夫岡以為自己真的瞭解他的妻子。真的嗎？那麼艾力克呢？他了解艾力克嗎？幾十年來他沒再見過艾力克，但是無法克制一再打電話給他。他知道艾力克心裡怎麼想嗎？那個他死都不說一句自己感受的人？「不，其實不知道。」這時我有個點子：「如果您拜訪一下艾力克，也對他說說您的感覺會如何呢？」他張大嘴看著我一會兒，突然站起來走向窗戶，出乎我意料地說：「對，我該這麼做。」

如我後來得知，他在這一刻浮現的想法是，前往拜訪對他會有什麼樣的意義：釐清一切，釐清他對艾力克是什麼樣的感情，釐清艾力克對他有什麼感覺，也許也釐清他的婚姻。

這次諮商之後我們又見了一次面。他和妻子徹夜長談，起初她僵硬地坐在沙發裡，一句話都沒說，然後問了一個又一個的問題，他回答，清楚而且沒有任何迴避，看進她的眼睛。不知何時她握起他的手，輕聲低語地說：「我愛你。」第二天一早她對她說：「去艾力克那裡，然後回來誠實地告訴我你的決定。」就在這一刻他突然領悟，他還不曾完全做出否定或認同妻子及婚姻的決定。

他拜訪艾力克的過程「挺好的」。他們聊起從前的日子、工作方面的事，還有他們一般的感觸。他不需要提出艾力克對他有什麼感覺這個問題，這次會面已給出答案。

「那麼家裡呢？」我問他。一抹微笑浮上他的臉，他帶著答案等著，好似要讓我猜猜看。然後他說：「我們彼此相擁，緊緊抱住對方，貼著彼此的額頭，就這麼站著，我都不知道站了多久……」

「省思」

很久以前，我曾讓一個男士很開心，雖然我沒想也沒計畫這麼做。他來找我，因為有人說他是個「強迫症患者」。我回答他，就算有這回事，他也不是強迫症患者，頂多有強迫障礙。他對這個微小卻重要的自我想像轉變那麼開心，讓我不禁深思。

有些語言的不良習性在於讓某人去「適應」特定名詞，這些名詞描述一個人的單一面向，而絕非關於完整個人。許多這種「調整適應」都很傷人。

同性戀、同志、女同、怪胎、酒鬼、毒蟲、恐懼症患者、憂鬱症患者、性別歧視者、神經官能症患者、精神病患——這類名詞反映出我們對心靈的重大認知錯誤。心靈不能簡化成一個名詞，比較像是多聲道，也就是有很多聲音，或說表達豐富，我們還會再談到這方面。因為心靈是多聲道，每個人一向都比他人所看到的擁有更多面。

如果某人將他人以其個人單一面向貼上標籤，就忽略了對方也擁有其他心靈精神層面，好比勇氣、自由和愛。唯有這些特殊的人性價值也被看到，人才得以被完整的看見。除此之外：每個人都是獨一無二，無可取代，沒有人和另一個人一樣。上述的語言惡習，正凸顯對人性認知不足的程度令人驚詫。

下一章：安德雷亞斯．薩爾挈（Andreas Salcher）在他重要的著作《受傷的人》（*Der verletzte Mensch*）中，針對我們的時代寫下：「可能的傷害程度以及疼痛階段難以想像。我從不曾想過，在我身邊的朋友當中，有多少人曾受過深刻的心靈傷痛。」[9] 這些深刻的心靈傷害，所謂的神經官能症代表著疾病。但是罹患這類疾病的人，在我們的社會裡並不好過。這種情況必須加以改變。接下來我想介紹其中兩種精神官能症，為罹患心理疾病的人爭取理解。

第一個例子描述一個罹患強迫症的人，第二個案例是創傷後壓力症候群。

*

9／安德雷亞斯．薩爾挈：《受傷的人》，薩爾茲堡，二〇〇九年，頁十三。

6

那讓我太羞愧——強迫症

在我們的社會裡，有一定比例的人罹患心理疾病，因此我想特別詳細介紹他們。心理疾病患者，原則上不僅苦於本身再也不瞭解自己（畢竟某些症狀的確怪異），也苦於疾病帶來的羞愧感。此外，許多人認為心理障礙是「次級疾病」，認為只有身體生病的人才是真的生病，「患者」經常被貼上「不能完全信任」的標籤。羞愧伴隨著自我貶低而來，覺得自己丟臉，想「躲藏起來」「挖個地洞躲起來」「丟臉死了」。患者尤其想避免心靈受到其他人的額外傷害，好比被知情者無禮地「指指點點」[10]。

感謝老天，我們生活的這個時代，有許多社會枷鎖已經慢慢解開，例如對同性戀的道德詆毀，所以也該是時候比從前多接收一些心理障礙的相關訊息——畢竟有幾百萬人承受這樣的心理障礙。為什麼要多知道一些？為了更能瞭解這樣的人，如果可能，帶著更多諒解和他們對談。如果人們能知道這些受苦的人絕非次等人，對社會而言是相當的進步。如果患者能說出對他們造成壓抑，或是折磨他們的事情，能為他們卸下多少重負？許多人渴望一個人性的社會，進一步實現的可能性就在其中。

以下藉由一個強迫症的案例——有人稱之為「無的默劇」，我想詳細呈現為何說出心理困擾會如此困難：

他的表情緊繃，肩頸聳起，雙手交纏，彷彿想以這個方式防禦世界。

10／請參考丹尼爾．黑爾（Daniel Hell）所著：《心靈饑渴——感覺的意義》（Seelenhunger. Vom Sinn der Gefühle），柏恩，二〇〇三年，頁一二六以下。

他二十二歲，起初猶豫不決，然後越來越順暢，滔滔不絕地對我述說他的苦難史，節錄如下：

「不知何時——我已經不清楚究竟何時——我和我母親發生一次可怕的爭吵。在散步的時候，我對她憤怒地大吼，因為她又再一次規定我該怎麼做：『妳到底知不知道，我一直都覺得生無可戀？妳知道為什麼嗎？因為妳一直指揮我做這個做那個、不許這麼做；不必問了，我不准你這麼做；你在做什麼？我要你現在就做。妳尤其不讓我做其他年輕人喜歡做的事。我一再想到一些可怕的話：你是個好孩子，要乖。不，這不是我，我根本不想當好孩子。我不只想當好孩子，還想和其他同齡的年輕人一樣！正常，只要不是一直都好乖！因為乖就表示我為妳做妳想要我做的事，妳只在乎貫徹妳的意志，我根本毫無意志可言，妳摧毀我的意志，我於是越來越不自由——不自由到妳的聲音在我心裡指揮我，即使妳根本不在旁邊。在我內心指揮的是妳，我很久以後才瞭解。』

我的話像把大錘一樣打擊我母親，她的手扶著欄杆，臉色大變、大口吸氣。最後她說——她的聲音聽起來和從前大不相同：『天啊，為什麼你以前從沒說過這些？』

我沉默，享受我面對她的新地位。最後我回答她，慢慢地，一字一句清清楚楚地說：『因為我以前無法告訴妳。』

『為什麼不？我一直都那麼愛你……』

『因為我從前羞於告訴妳，我長期以來，不得不一再重複一個想法，一而再，再而三。我有時甚至必須把這個想法寫一百次，即使這樣，也只能讓我稍微喘口氣而已。妳不知道那是什麼樣的折磨。我在學校的表現也因此退步，我從來不曾專心。』

『但是我的孩子，在母親面前不必感到羞愧。』

『媽，妳注意到了嗎？』我責備她：『即使在我現在這個年紀，妳還是沒有認知到我已經成年，是個獨立的人了。』

『但是孩子永遠都是孩子……』

我說：『唉，媽，』出乎預期，我友善地看了她一眼，然後走開。」

他不知道發生在自己身上的是種強迫障礙。這個想法越來越讓他難受，他的頭腦變得「遲鈍」、再也無法集中精神的時候，他告訴他最喜歡的老師，老師要他來找我。

如果強迫障礙剛發生時，他就能告訴他母親，事情會怎麼發展呢？如果他能向母親透露，她會謹慎面對他的困擾嗎？或許他能更早卸下重擔，因為她（幾乎）是個完美的母親，會用盡所有方式來協助她的「心頭肉」。也許這些強迫症狀在初期階段也比較容易治療。

然而：我們道別的時候，他的思緒流暢無礙。他還是有某種傾向，思想和行為有時太瞻前顧後。他後來有個令人讚嘆的生涯。

幫助他的是什麼？主要是價值想像，他因此開始理解，他的內心世界比他想像的好很多。他得知內心雖然有個抱怨者折磨他，但是除此之外，以人物呈現的善，卻讓他越來越自由。[11]

「省思」

根據較新研究，強迫障礙是第四大心理疾病族群，在美國，有五百萬到六百萬人罹患這種疾病。根據德國《鏡報》一份較早的報導，德國有超過兩百萬人有強迫障礙。這些數字或許驚人，但是可以理解，一旦

11／請參考註釋8。

我們知道，當病人意識到自己的障礙，就會產生強烈羞恥感，他們很難說出自己的情況，因為他們想著以及／或者做出某件他們自己覺得非常荒謬的事。[12]

強迫的四種型態

強迫有不同型態。某人「只有」強迫性的基本態度，做事一板一眼，過度仔細，覺得自己的行為「沒問題」，幾乎沒有因此發生困擾。

另一種承受強迫衝動，是種突然發作、攻擊性的衝力。一個不算陌生的例子：有個母親承受可怕的想像，想像必須讓自己的嬰兒掉落。

第三種承受強迫性想法。雖然他知道折磨他的想法沒有道理，他卻不得不想了好幾個小時。有個簡單的例子：某人無法停止想像，他必須數到（而且一再反覆數到）一百，才能防止自己或他人的不幸。

12／更詳盡闡述請參考維克多・E・法蘭可（Viktor E. Frankl）：《醫療心理關懷》（Ärztliche Seelsorge），第四版，慕尼黑，二〇一三年，頁二二五以下；霍夫曼／霍矣夫特／霍賀阿佛／艾克哈特－亨（Hoffmann / Hochapfel / Eckhardt-Henn / Heuft）編纂：《精神官能障礙及心理創傷醫學》（Neurotische Störungen und Psychosomatische Medizin），司徒嘉特，二〇〇九年，頁一六四以下。

最後一種是強迫行為。最著名的例子是整理和清洗強迫行為。我記得有個男性患者，他每天必須洗手上百次。

強迫是非自願的儀式

以形式而言，強迫障礙是非自願的儀式，病患必須以特定方式想同一件事以及／或者重複同一種行為，患者無法避免強迫行為。如果他嘗試避免，就會引發對他產生壓力的莫大焦慮，使他幾乎無能思考或行為。是什麼令他焦慮？他的良知——或者他以為是良知的東西。因為病患或長或短持續承受某種罪惡感，他必須「贖罪」，透過他的強迫行為，在現實片段裡滿足他的完美要求，「贖罪」就算「成功」，即使只有短暫時間。因為基本上是他不能也不許接受生命的不完美，就算是他個人的。於是他必須滿腦子想著以及／或者做某些無稽的事情，這些事情剝奪他的自由，搶走他在生命中找到意義的機會。

事實上所有的生命都有矛盾，在外面的世界和自己內心的生活都有矛盾，但是有強迫障礙的人不接受這個事實，相反地他衝向暴風，他必須完美。他的「出路」：他在現實片段裡，在儀式裡實現這種完美。

強迫如何形成

為了幫助一個病患——她幾十年來都有強迫想法，以及嚴重的集中力障礙——我於是為她撰寫了一篇稿子，她一再執行放在她眼前這份「白紙黑字」的稿子，於是比較能諒解自己。也許這份稿子也能幫讀者進一步理解強迫現象，以及將強迫說出來的迫切性：

如果我不接受強迫會怎樣？我於是感到焦慮，慌張地焦慮，覺得受到懲罰，甚至遭受災難。誰會懲罰我？我的內心有如住著一個控訴者，他並不站在我這一邊。那裡沒有辯護者，也沒有法官，只有控訴者，似乎只想著一件事：貶低我、羞辱我、批判我，他徹徹底底反對我。

為何強迫行為正好可以阻止這個控訴者？因為控訴者如此一來就會滿意。只要我接受強迫，我就受苦，我受苦，我就「贖罪」，一旦我贖罪，我就讓這控訴者心滿意足。

那麼，是誰躲在這個控訴者背後？

是我心裡的聲音，我在童年、青春期和後來的年歲裡傾聽著這個聲音，它在我心裡根深蒂固，這個聲音變成我自己的聲音。不！這不是我良知的聲音，絕對不是。這是不了解自由和愛的人的聲音，這些人堅持我要以他們狹隘的方式來生活，因為我畢竟自覺有所不足而且不好，我於是幾乎無法學著對我自己、他人和生活做出判斷，於是我也無法學會自行決定我要或不要什麼。

我知道我自己究竟想要什麼——活躍、自由、開放，勇於嘗試新事物，承擔責任，去愛——我根本辦不到，因為我持續強迫性地忙著處理對生命的過度關注，因為我持續進行一些儀式，好向我內在的綿密唱和與抱怨證明，我是個完美所以無法被打擊的人。但是如此一來我其實（！）錯過我的生命，在現實當中虧欠生命。

強迫性的生活和自由、愛、責任以及意義一點關係都沒有。強迫性的生活是拒絕生活，就像現在一樣：既非天堂，也不是地獄，只是二者緊密混合在這世界上，只是泛泛的生活。

強迫是種錯亂，我讓它發生，我就接受了錯亂。強迫性的生活只意謂著：停在念頭和行為當中，被綑縛著，停止生命流動，因此無法忍受眼前的存在方式。

變成這樣是我的錯嗎？

不是。但如果我不採取行動，改變這個扭曲的現實觀，那就變成我的錯。我可以生活，我可以自行決定什麼有意義，什麼沒有。我可以活得像個人，雖然我一再失敗。我也可以接受這個世界，雖然世界就是這樣。我不需要藉著強迫性的想法和行為來確保未來的生活，也不必為過去的生活贖罪。為何不必？

因為生命就是這樣，因為生而為人，意謂著不必當神；因為有所欠缺的反面，正是人的機會，得以自由及負責地做決定。

＊

人什麼時候會無言以對？發生不尋常事件的時候，可能是特別快樂（快樂的人很快又說得出話來），或是特別不幸。但是沒有任何事件比戰爭更能讓人不幸與無言，因為它本身就沒有意義。下一章就和戰爭有關。

＊

7

因為他無法告訴我——創傷後壓力症候群

如果發生心理障礙，受苦的經常不只是患者，周遭的人例如伴侶、孩子以及同事等等，也同樣不好過。因為他們通常很少，或是根本不了解這類障礙，面對深受困擾的病患，常感到束手無策，甚至毫不諒解，病患並不容易忍受這種態度。但是我們可以改善對這類障礙的認知不足。

有個女士打電話到祕書處，請求盡快安排就診時間，我的助手說這位女士聽起來非常絕望。她踏進診間的那一刻，我立即注意到她眼睛下方深深的眼圈。她似乎猜到我的心思，因為她對自己的外觀表示歉意（其實沒有必要）。

「我丈夫是個軍人，從阿富汗回來。我到機場接他的時候幾乎不敢相信自己的眼睛，他慢慢地走向我，沒有微笑，沒說一句話，只有短暫的擁抱。我以為面前是個陌生人，原本熟悉的一切都消失了。我問他：『怎麼了？我們又能生活在一起，你一點都不開心嗎？』他的視線宛如穿過我望向他處，輕聲說：『對不起。』我們開車回家，一路沒交換過一個字。為了迎接丈夫，我精心布置了桌子。我說：『好了，現在就說說看吧！』他用雙手撐著頭，僵直地望著前方，再次輕聲地說：『對不起。』然後就一直沉默不語，最後沉默地上床睡覺。」

她繼續說：「我對他而言好像不復存在，他變了那麼多，顯得那麼陌生，就像沒有生命一樣。我有時想，他被阿富汗磨得很遲鈍，就像失去自己的感覺。他晚上時常驚醒，我每每問他夢到什麼，他也不說話。我猜他在那邊經歷過可怕的事情，直到今天都還日夜折磨著他。他有時很激動，毫無來由地變得非常有攻擊性，我根本不知道為什麼。」她雙手一攤，又無力地放下。「我一再問他為何不想提起那場可怕的戰爭，然後他就會盯著我片刻，只回答：『不行。』他似乎對其他人也是一副無所謂或麻木不仁的樣子。」

很久之後，當我們相遇時，對她有所幫助的是什麼，我會在接下來的「省思」大略指出。

「省思」

有些經歷會導致創傷，也就是非常深的心理傷害，例如暴力虐待或性虐待、強暴、犯罪行為、本身或連帶經歷的罪行、嚴重意外、刑求、恐怖主義、戰爭、大自然災害等，任何形態的災害。

不得不經歷這些傷害的人，都會產生「創傷後壓力症候群」，這個名稱指的是對非人道事件或情況的反應，其嚴重程度超過人所能承受，經常在好幾週之後才呈現出來，因此承受這種症狀的人（起初）不只是病人本身，對最親近的人也變得陌生。

病患一再被殘忍的創傷記憶淹沒，使他本人就像被麻醉，感覺遲鈍、聽天由命而且絕望。他會避免所有熟悉的行為和情況，好防止想起那些殘酷場景。病人會過度激動而且容易受驚、睡眠減少，都是可理解的症狀；連帶發生焦慮、壓抑、絕望甚至自殺念頭，更無足為奇。創傷後壓力症候群是種深刻的創傷，會改變整個生命，包括世界觀以及信仰。

家屬起初很難承受病患一方面長期壓抑心靈痛楚，把經歷封存起來，另一方面又渴望重新連結生命。病患起初和同病相憐者比較容易對談，而非和自己的家屬，對家屬而言雖然痛苦，但從病患的觀點來看卻可以理解。

有些方式可協助罹患創傷後壓力症候群的人。對親近的家屬，以及對受苦的人本身而言，重要的是認知自己生病了、自己缺少了一大塊。在這種情況下，疾病意謂著受到創傷的人起初無法自行做出改變。想和周圍的人維持關係，這種說不出的渴望卻依舊存在；旁人應該諒解，給他所需要的時間，好讓他能再度接近自己和旁人。

有創傷後壓力症候群的人需要有經驗的心理治療師。治療師應意識到，嚴重的創傷後壓力症候群病患，最初的治療重點不在面對經歷，而是發展出可靠的社會關係。因為經歷了超越理解能力事件的人，只有在獲得溫暖「空間」、得以說出經歷的時候，才能談起自己和自我失落。這表示治療師要非常謹慎地逐步推進，根據病人的個性進行治療，不僅要專業，還要親切，尤其要可信賴地陪伴病人。

困境越深刻，就必須挖得越深。這表示：因為創傷後壓力症候群深深傷害心靈，運用內心畫面的心理治療方式有所助益。我熟悉的協助方式是價值想像。[13]

13／請參考註釋8。

*

如果根本沒有談話的可能性會如何？如果死亡阻撓所渴望的對談，如果可能對談的時間已經過去呢？如果有卸下重負的會面機會，卻沒有利用呢？這是下一章的主題。

*

8

被死亡阻礙的談話

到現在還有些人以為夢境只是泡沫，真是奇怪。這樣說自己的夢境的人，就像把金球當垃圾一樣丟掉，因為他誤以為夢境一點價值都沒有。

夢境是擴展我們個性最有效的方法之一，能有效校正我們對生命的態度，有時揭露我們的意識不知道的事情。

夢境警惕、警告和控制，讓我們獲得訊息，教導我們，安慰我們，質疑也回答問題，呈現被內化的事情。夢境也照亮過往，有時也昭示未來。它們傳達個人和一般對生命的領悟，呈現精神影像，好比自由、愛和意義。有時也會超越人間界限，進入天堂。

夢境是呈現出面貌的感覺，是心靈的影像，知道生命一些事情，甚至是理智根本不（再）知道的事情。下面這個故事也和一個珍貴的夢境相關：

有個看來聰明、伶俐而且成功的中年人坐在我面前，臉上掛著自信的微笑。他想和我談「一些事情」。

我問：「一些事情？」

哎呀，每個人都會背負著某些東西。我對這番話表示贊同。我等著，觀察他的臉，注意到他的眼神藏著某些我沒有立刻察覺的東西。是憂愁嗎？是不情願嗎？可能是哀傷嗎？

他說，他母親是個「真正的好人」。愛他、喜歡和他膩在一起、讚美他、為他（向父親）辯解、激勵他。他相當能適應學校，成功上了大學。他實現帶領一所研究中心的夢想，就連妻子都是「上上之選」。兩個健康的孩子帶給他很多快樂。

父親呢？「我不知道該說些什麼。他在職場很成功，我們家的經濟一向都不錯。在家裡很少爭吵。但是我經常覺得，他和同事談話比和我來得多，我也不記得他是否曾抱過我。如果我帶著好成績回家，他總是慈愛地輕聲說：『做得好，孩子。』我曾經很想和他一起踢足球，他問我：『你想啊？抱歉，我今天沒有時間。』

有一天我鼓起勇氣問他：『爸，為什麼你都不和我說話？』那時他睜大眼睛看著我說：『我沒有嗎？對不起。』這時剛好有個同事叫他，他做個抱歉的表情，就被那個人叫走了。」

「您了解的，」他說：「我從不曾得知他對我有什麼想法。後來，在青春期，我疏遠他。我想著，如果他不想理我，那我也不想理他。我知道我倔強，但是也有一些哀傷，因為——真奇怪——原則上我喜歡他。但是總而言之，」他急促地加上一句：「我有個很棒的童年和青少年時期。」只是奇怪，他偷偷地擦掉一滴眼淚。

他是否能告訴我任何一個夢境呢？「可以。我記得幾個月前，我曾做過一個夢，那個夢就很古怪。」他幾乎無助地攤攤手，尷尬地微笑了一下：「怎麼夢的……天啊，我根本不再想起他了。」他是否想說說這個夢境？「如果我們再這麼繼續的話……」我忍不住用了「我們」，他似乎沒注意到我微小的譏刺，開始述說：

「是這樣：我還記得一條金色圍巾，有隻手把圍巾遞給我，但是我不知道是誰的手。但是我還記得那個溫暖的聲音。」我建議他閉上眼睛，繼續說。「接著我被帶到我父親臨終時住的醫院。」他的左手輕微顫抖，他自己並未注意到，覺得很難再說下去。接著他說，他站在父親身旁，父親過世了，這時他知道為何把圍巾拿在手上。他掉了很多眼淚在圍巾上，他一生中忍住的每滴眼淚。然後他向著父親彎身，低聲對他說：「我好想和你說說話，我好想……」

夢的敘述到了結尾，他嘆聲地哭，哭了很久。最後他張開眼睛，迷惑地看著我。之後他打破寂靜說：「現在我知道我為什麼來找你了……我不知道我忍著這些眼淚多久了，如果我能倒轉時間就好了。也許我該不在乎自己的倔強，和我父親談一談……現在一切都太遲了。」

「省思」

這一章提到的父親還是老一輩的人，那時候的父親為了家庭的經濟而努力，如果可能，還要陪著孩子玩鬧。但是這些父親，根據全球最出色的父親研究者之一麥克・蘭普（Michael Lamb）的說法：從不曾想到要幫孩子換尿布、幫他們洗澡。相反的，今日的父親承認時不免尷尬，他們把「這些事情」留給妻子來做。[14]

不同的父親角色觀點

一段時間以來，對父親這個角色的看法有明顯的變化。許多父親從孩子誕生就開始關心孩子的個人發展，以及他們的教育問題。麥克・蘭

14／請參考《德國地理雜誌知識系列，了解世界，研究》（GEO Wissen, Die Welt verstehen, Forschung），蘇珊娜・包森（Susanne Paulsen）：《父親如何影響孩子》（Wie Väter ihre Kinder prägen）：期四十六，頁三十二。

普認為，如果父親同時也是「夥伴、照顧者、伴侶、保護者、模範以及道德問題的指引和導師」，那麼孩子們就從父親的關注獲益良多。[15]

發展心理學家，也是德國父親研究創始人之一瓦西里歐斯．E．芬內基斯（Wassilios E. Fthenakis）證實：「新一代的父親出現，目前三分之二的父親認為自己扮演新的社會角色，只有三分之一還執著於傳統的想法，認為父親就是賺錢養家。」[16] 藉由此一不同的父親角色看法，原則上雙親之間的關係，以及家庭裡的溝通都變得密切。

（幾乎）從不曾太遲

如果兒子的父親屬於比較老一輩的世代，而且就像我們的例子，很少和兒子說話呢？如果孩子對於有個「投入的父親」的期望沒有滿足，又會怎樣呢？他如今還有機會能和他的「老頭兒」說話嗎？有個讓人鼓

15／同上。
16／同上。

起勇氣的觀點，不管對孩子或父親——

《我心狂野》（*Wild at Heart, Discovering the Secret of a Man's Soul*）這本暢銷書的作者約翰・艾爾德雷奇（John Eldredge），他在另一本書《你需要的都不缺——每個父親都該知道的事》（*You have what it takes - What Every Father Needs to Know*）[17]當中描述，他去年收到他老父親的一封短信，老父親從來不擅言詞，也不太會搬弄文字。他用老式打字機寫下那封信。四個句子的意思大概如下：「我想，你幹得不錯。」

艾爾德雷奇接著寫道：「身為作家我收到許多信件……隨著時間，這些信件當中的確有很了不起又鼓舞人心的信件，我對此深表感激。但是出於一個很簡單的因素，父親這封信是我非常少數保留起來的信件之一，也是少數讓我感動到落淚的信件之一。我一生都渴望知道自己是否經得起考驗、是否能變成真正的男子漢。正像所有年輕人一樣，我渴望得到父親的認可。這說明，為何我，一個四十五歲上下的人，早已脫離

17／約翰・艾爾德雷奇：《我心狂野——發現男性靈魂的祕密》德文版《為了生活而堅強——只有父親才能給孩子的是什麼》（Mach mich stark fürs Leben. Was nur Väter ihren Kindern geben können），巴塞爾／基森，二〇〇五年，頁四十三以下。

童年，收到我父親這將近八十歲的白髮老爺爺的來信，會讓我覺得這幾行字的意義重大。」

艾爾德雷奇在〈從不曾太遲〉這一章給正在變老的爸爸們幾個簡單，卻因此更加珍貴的建議：

- 「孩子經驗到的愛就像防護罩一樣，能保護孩子面對不可避免的傷害，這些傷害隨著人與人之間的任何一種關係而來。」
- 「您的孩子那麼需要從您那裡得到的訊息，來得永遠不會太遲。」
- 「不管您的孩子多大，他們依舊渴望聽到攸關他們的心靈的話語。」
- 「即使需要一點勇氣——請您試著和孩子說話。」
- 「不管您的孩子多大：請您找出方式讓他們知道，您在背後支持他們。」

*

「那時我要是……」「我如果還是……」「要是她曾說出來……」「我從不曾想過他會那麼做……」「我其實有想到……」「我其實是出於好意……」「他怎麼能……」這類句子還可以寫出一長串，這些句子來自不幸發生後無助地站在那裡尋找字眼的人們，這些話卻無法提供任何協助。

每個人都知道：一生中總有「太遲」的時候，來得太遲的幸福，也有來不及避免發生的不幸。我們如果比過往更注意一些，掌握時刻，我們就能體會幸福；如果我們警覺一些過日子，並且在「正確的」時間找到適當的話語，那麼能避免多少不幸。

但是，有些事畢竟太遲，有些機會一去不返，我們放掉、錯過而就這麼失去的機會。有關對方的預感、言語、夢境，有關期望、談話機會的問題好比像：「我想問個問題，但是不知道能不能問你……」或是先帶著一點幽默：「你以前有比較好過嗎？」或是：「你知道，如果你想說……」還是：「你看起來想跟我說什麼的樣子……」或者是：「今晚有部好電影，你要一起去看嗎？」也可以直截了當：「你是不是不開心？」

我們錯失的許多事情可以回頭再做，加以彌補或是從頭來過。只有一件事無法這麼做：自殺者的死亡。當然，自殺的人奪走自己的生命，但是：有些人不想再活下去，因為他們不敢對他人說出，為何再也無法忍受自己的生命。以下是兩個例子。

*

9

太害怕自己的父親——悲哀的自殺

有些臉龐一生都忘不了，雖然和這些人的關係並不特別親近。迪特的臉龐直到今天還如同在我眼前，但距離我們最後一次見面，已經過了五十年。

我們兩個上學搭同一班車，他晚我兩站上車。有時我們相鄰而坐，不是他試著接近我，而是我旁邊的位子剛好空著。我們要努力才找得出話題。

我了解他什麼？他住在農舍裡，農舍被巨大的圍牆環繞（後來我對這圍牆思考良久）。迪特的父親是個暴君，控制一切，任何事情都是他說了算，整個村子都不歡迎他。人們對迪特的母親比較有好話，但是她不敢違逆丈夫，丈夫要她做什麼，她就做什麼。

在我的記憶裡，迪特是個漂亮的男孩，紅通通的雙頰，頭髮向前梳，但是我從來不清楚自己究竟怎麼看他。有時他扮演小丑，有時他沉思地盯著前方，有時又喜歡聊天，有時我覺得他憤世嫉俗。

我不記得他是否曾經笑過。

夏天來了，太陽高照幾個星期。開始放假的時候，我們這些搭車的學生心情都很好，我已經不記得迪特這天是否和我們在一起。假期開始不久，消息就傳來了：迪特死了，他在家裡農舍閣樓裡上吊自殺。他不能升級，他的成績不夠好，迪特不敢事先告訴父親他要留級，顯然也沒有告訴母親。迪特當時十五歲。

村子裡瀰漫著無力感，尤其讓我的少年心靈覆上陰霾。我對他父親湧起無可遏制的怒氣，對他母親則產生莫大的同情。我尤其覺得迪特死得毫無意義，要是迪特至少對他母親說起他對成績單的恐懼就好了，也許她能平息他父親可能高漲的怒氣。這可怕的死亡不也意謂迪特除了恐懼，必然也有股說不出的怒氣嗎？氣他專制的父親，或許也氣母親不敢挺身保護兒子？這張被稱為成績單的「紙」，造成這樣的悲劇，對孩子的生命又有何意義可言？

我寫這幾行字的同時想到一個名詞，我們幾個大學同學常引以為樂。我們有個教授用這個詞「影響命運的行為力場」，這是個怪詞，其中涵義卻一點也不奇怪：如果某處發生不該發生的不幸，就會引起一波波漣漪，因為不幸而產生的感受和感覺會持續向外擴散，周遭的生命隨之改變。當時我們的村子也是如此。

如果迪特拿出他的成績單，那會怎樣呢？我們不會知道。但是我們一定能說：他還會活著。怎麼活？這個我們也不會知道。本來總有一天他會離家，有機會跨出自己的道路。

「省思」

自殺傾向青少年症候群

每個人都該知道：在十五到二十歲之間這個年齡層，最常見的死亡原因之中，自殺就排在交通意外和吸毒過量致死之後。這個年齡層的自殺風險不容易辨識，因此成人應該特別提高警覺。這類年輕人有許多以凡事提不起勁、動力降低、退縮或者叛逆來傳達他們的困境，這些徵兆可惜經常被周遭的人誤解，這是因為許多年輕人沒有能力表達讓他們「完蛋」的事情，也無法表達自己需要什麼。同齡的人比較早得知他們的困境，因為他們比成年人顯得可靠。

還有其他跡象指出自殺傾向嗎？

有的：

- 如果某人在一段時間內明顯改變，
- 如果他突然自我封閉，
- 如果他的情緒發生前所未有的浮動，
- 如果他傷害自己，

・如果開始吸毒以及／或是喝酒，

・如果出現奇特的飲食習慣，

・如果他逃學，

・如果出現過度恐懼。

引發自殺的因素有哪些？

想自殺的孩童或青少年經常先面臨危機狀況，好比家裡發生爭吵、學校成績不好、考試沒過、同儕霸凌、男女朋友關係結束、意外懷孕等等。值得注意的還有：媒體報導名人自殺時，自殺者數字就會上升。如果身邊有人自殺，也會造成同樣的效果。

有自殺傾向的年輕人在什麼情況下會願意和成年人談一談？

以下舉例，或許可以這樣展開對話：

父親：「我好久沒看見你了……」

兒子：「可能吧。」

父親：「我有點想你哦。」

兒子沉默不語。父親也不說話。

兒子（防衛性挑釁）：「今天幹嘛這麼關心我？」

父親：「本來就很關心你，只是你不知道。」

兒子（諷刺）：「好酷喔。」

父親：「我不懂，有什麼好酷的？」

兒子：「你知道我的意思。」

父親：「我知道什麼？」

兒子（防衛性挑釁）：「你那～麼久以來都很關心我，我卻到今天都不知道……」

父親沉默良久：「真抱歉——我太遲鈍了——說真的。」

兒子也沉默了，然後說：「老爸，不要怪里怪氣的。你還有機會喔……」

父親（微笑）：「我可以碰碰運氣嗎？」

兒子（不友善）：「什麼啦？」

父親：「我們父子聊聊？」

兒子：「拜託不要今天。」[18]

18／如需詳細資訊，請讀者參考保羅・普蘭納（Paul Plener）：《自殺行為及非自殺性自我傷害。孩童及青少年心理障礙手冊》（Suizidales Verhalten und nicht suizidale Selbstverletzungen. Manuale psychischer Störungen bei Kindern und Jugendlichen），柏林／海德堡，二〇一五。

10

害怕和丈夫爭吵——必要的自殺？

我一想到印果．F，眼前就浮現一張陰暗的臉龐，彷彿又看到他僵硬的走路姿勢，聽到他輕聲說話。

他沉默地坐在我面前，好一會兒之後，才說：「我太太過世了，自殺了。在她死前一天，我們還恩愛了一番。第二天她就走了。警察找了她好幾天，那簡直是地獄般的日子。最後他們找到她，還有遺書，說她非常愛我，但是她再也無法忍受我太過要求相依相隨。」

他沉默，壓抑哭聲。我試著從他的表情讀出他沒說出口的話。「幾個月前，我們退休了，我們把店賣掉，打算享受生活。我們想上歌劇院、去旅行、辦派對。就是去做我們在漫長的工作歲月中辦不到的事。」他嘆口氣。「其實沒什麼好說的，只是我不明白怎麼會發生這種事。她本來可以告訴我的。」

她本來可以嗎？那她為什麼沒這麼做？她本來就真的可以把自己的困境告訴他嗎？從談話當中得知他是婚姻裡的「老大」，她的「反駁」並不適當。他決定什麼是「正確」的，她照他想要的做。只不過這回不一樣。

那麼為什麼她不能告訴他「那件事」？他強勢到讓她沒有勇氣和他說起讓她自殺的事？自殺的勇氣大於對他說出困擾的膽子？她從不曾說起他們關係的困難之處，似乎根本沒有困難。

在她自殺前一天，在她和丈夫如此親密的那一晚，她內心究竟怎麼想的？我們不知道。那麼我們知道什麼？知道她如此絕望，知道她無法對他說出來。

印果後來接受幾次諮商，我對他是否有幫助？或許並不多，因為其中的荒謬——我認為她的自殺就是這麼回事——沒有任何一絲意義。

如果我還有機會和他談話呢？我會鼓勵他仔細回憶起他們共同經歷的美好時光，激勵他說出他巨大的悲傷，並且大哭一場。

然後問他，我們是否有什麼話應該談談。

「省思」

伴侶之間的關係非常容易受到一種不幸趨勢的左右，也就是「其中一方想佔據另一方」。兩人分手後經常聽到一句可怕的話證實這個想法：「要是他／她死掉就好了！比起分手，我更能忍受死別。」

想殺死所愛的人，亦即開始想「擁有」他人。有這種傾向的人一旦被伴侶拋下，對他而言就像失去自己的一部分。因為他把對方（誤）以為是自我的延伸、是個人的擴張和補充。因此會按照自己的想法調整對方，而且並不總是明顯具有攻擊性。

另一方面：面對佔有慾強的伴侶，肯定不容易反駁對方的意見。但是，當他人對自己的限制超過可忍受的程度，逃避——不管向內或向外

——卻不是值得稱許的方式。迴避比較強的力量可以理解、可以領會，那符合人性；但是，迴避也代表著沒有自由選擇及行為的能力，這也特別符合人性。

變得自由是更好的替代方案

真的有這種可能嗎？有的。什麼是自由？自由不只是一個語詞，而是充滿力量、堅強、開闊且富有情感的事情。每個人都有自由的機會，能在一定的界線內自由行為。自由的機會是每個人的精神本質之一。我們可能輕忽它、否認它、壓縮它。我們可能忽視它、輕視它、停止尋找自由，我們可能透過敏銳思考將自由描述成幻覺。但是找到、重新尋回以及發掘自由的機會，在生活中實踐自由的可行性，只要我們活著一天，我們內心就擁有這個機會。

決定我們生命的，最終並非基因、教育、社會狀態，也不是我們存在的時代，而是我們是否運用與生俱來的自由。但是，要怎樣變得比較自由呢？

- 個人目前的自由「狀態」是什麼樣子，個人自信狀態如何，是否依照正道行事，對生命有多熱愛，具體想像這一切的人就會比較自由。
- 允許自己渴望自由，例如當自己期望已久的夢想即將實現的時候，不讓自己立刻逃避的人會比較自由。
- 不斷回想個人和自由的經驗，例如曾經放膽地發表演說的人，會比較自由。
- 盡量告別從前所受的傷害，並且平和地接受過往的人會比較自由。這個任務非常重要。唯有我們解開痛苦記憶的束縛，我們才能堅定而且自由的生活。

- 只有認知通往自由之路上的阻礙，並且盡可能加以排除，例如戒除急躁、自我中心、對生活的焦慮和放縱的人，就會比較自由。
- 尊重個人界線，例如自身憂鬱、缺乏創意或自己的社會階層的人，會比較自由。
- 將不符合個人的界線盡可能往外推，樂於尋找個人隱藏的自由空間的人，會比較快樂。
- 一再把自由的目標變成磁鐵，一再思考、感受、期待以及實現個人想達到的事情，就會比較自由。
- 越來越喜歡承擔責任，樂於成長，不僅看到自己的需要，也看到周遭所需的人。
- 體會到信仰是種冒險，需要魄力，並且因此貫徹實踐的人。[19]

19／請參考伍衛・波薛麥爾所著：《就讓自己自由——發現自己的無畏勇氣》（Machen Sie sich bitte frei. Entdecken Sie Ihre Furchtlosigkeit），薩爾茲堡，二〇一二年。

我不太想得出如何過渡到下一個章節，因為根據我的經驗，如果伴侶關係中，一方就重要的生命問題支配另一方到這樣的程度，正如我即將介紹的案例，我的感覺總是十分沉重。

*　　　*

11

墮胎的傷痛

在我的實際工作當中經常面對女性，有時我會注意到女性思考、感受、感覺和行為方式和男性是那麼不同。我注意到這類狀況時，就需要比較長的時間去消化，好讓我調整自己的心態，去面對病患說出的問題。

*

我認識安娜已經很久了，像她這樣富有、熱心公義、受到社會景仰的女性，看起來卻毫不快樂——這點總是讓我驚訝。她給人有條理、友善以及禮貌的印象，但也不是真的開朗。這一切在她對我述說一個夢境的那天改變了。

起初她並未真的理解這個夢，但是她的不安，以及一定想要了解這個夢的期望，讓我推測這個夢引發某些重要的感觸。夢境是這樣：

她走過黑暗的街道之後，面前出現一座中等大小、一點都不好看的教堂，她感到驚訝，因為她和「教堂」向來沒有任何關連。當她走進教堂，她感覺到一股強烈的焦躁不安。她扶著一根柱子，不知何時，她的眼光被聖壇吸引，恐懼更加強烈。過了好一段時間，聖壇散發出來的磁力才消退。她走向聖壇，她所看到的東西引發非常不同的感覺：傷心、渴望，然後是強烈無比的怒氣，強大到使得她醒來。她究竟看到什麼？她立刻知道「那」是什麼：一個胚胎，被殘餘組織包裹著，就放在聖壇上。安娜很努力才說出最後一個句子，然後啜泣不已。

為何她不想要那個孩子？還有——她究竟想不想要？她已經有兩個孩子，但是她也「非常非常」想要這第三個。她的丈夫當然一直讓她知道，他「絕不要」變成三個孩子的父親。但她還是懷孕了，幾個星期之間，她一直想要「坦白」，卻說不出來，她太害怕丈夫暴怒。許多個夜晚，她掙扎著自己是否應該不顧丈夫的反對。她只和自己的姊妹說過她的困境，最後她還是屈服於「命運」。

墮胎後那幾年，她有些改變，變得比較安靜、覺得孤單、聽天由命，然後「惱怒」。她再也不笑，越來越疏遠丈夫。她說，她為他犧牲了自己的孩子。

她沉浸於夢中景象好一會兒，再度想像如果她今日能和那個孩子一起生活會怎樣，那孩子應該要十歲了。然後她把所有的怒氣、哀傷和渴望哭叫著發洩出來。她承認，面對丈夫她本應絕對堅持到底。不知何時，傷口開始癒合。

「省思」

任何「墮胎」對生命都是深刻的傷口，即使「我的肚子屬於我」這句大膽的宣言，也改變不了這個事實。和女性的多次談話，從她們的夢境和價值想像，我得知許多人出於**現實的莫大困境**，而做出不要孩子的決定。有鑑於這類決定，我謹慎地不去討論墮胎是否符合倫理的反思。

她們的疑慮、絕望、恐懼、（自我）責備、孤獨、自殺傾向和沮喪，讓我無法做出我無權置喙的批評。

相對的，某些懷孕的女性，她們雖未經歷這些困境，卻懷疑是否應該生下孩子，我想鼓勵她們決定留下新生命。我不想吹噓（不管我多想這麼做）孩子有多可愛，但是出於我對許多夢境，以及有意識地穿越無意識世界的經驗，這些經驗都指出，我們的心靈其實並不願拒絕即將誕生的孩子。除此之外，還有夠多的家庭諮商單位，他們能為憂心的女性指出尚未知曉、但有效和有益的方向。

＊

父母親會把孩子「送走」，也就是讓人領養，原則上都是出於重大因素才這麼做。這些決定可能隱藏著什麼樣的悲劇，不相干的人幾乎無法體會；多年後才得知領養身世的孩子，他們內心有什麼樣的感受，同樣也難以想像。除非我們從孩子本身得知他們的感覺。我將為您介紹一個例子。

＊

12

原來我不是親生的

年紀越大，我就越領悟早已知悉的一件事：當我們花時間盡可能對他人設身處地著想，我們才能開始理解他人。因此我自問，那個在十二歲或十三歲時偶然得知雙親不是他親生父母的年輕人，他的內心究竟是什麼樣的狀態？他當時也許不明白何謂「領養」，起初可能無言、困惑、不知所措。他頓時知道他的雙親欺騙了他，而真正的父母在某處生活。

誰是「真正的」雙親？他們是什麼樣子？他們的職業是什麼？為什麼把我送給別人？或許他們已經過世？問題一個接一個落在這年輕人頭上。還有迷惘：我的「雙親」其實很愛我，只不過他們不是「真正的」父母。他們和我看起來的確不像，現在我會變成怎樣？

*

我面前坐著一位稍微年長的先生，穿著高級西裝，顯然是為了到我這裡才特意穿上的。但他外表下絲毫未藏著一絲不安。他（多餘地）致歉，表示他「佔用」我的時間，我一定還有比他更棘手的「情況」要處理，然後他以動聽、低沉的聲音開始敘述：

他想當白鐵工，因為他的朋友是白鐵工。但是他很快就察覺自己面臨了挑戰，想要繼續深造。他拿到高中畢業證書，上大學，幾年之後當上一家大企業的總經理，平步青雲。他退休的時候生活富裕，有幢漂亮的房子，是當地備受景仰的居民。但是他並不快樂。他二十歲就結婚，因為他渴望擁有自己的家庭。然後他離婚，因為他專心讀書，對年輕妻子付出的時間不多。他又結婚，但是兩次婚姻生下的孩子讓他們這雙親不好當。他一再說起自己被領養的事情——直到今日。

他的母親是個聰明又漂亮的女孩，她的父親因此對女兒的未來有個清楚的想像：她應該和一個「比較高等」的公務人員結婚，但是她卻為一個「簡單人」懷孕，當時才十七歲。她盡量藏起祕密，但當她父親知悉一切，他勃然大怒。即將分娩時，他父親送她到一個遙遠的城市，她在那裡的醫院生下一個男孩，幾乎難產而死。她沒看到孩子一眼，她的父親決定出養這個男嬰，在產房裡就把孩子帶離母親身邊。

面前的男士繼續說，他被一對「可親的」父母收養，這對夫妻本身無法生育。他在他們身邊過得不錯，什麼都不缺。他長大的時候，他和雙親的差異變得明顯：雙親正直、單純，並不特別活躍，孩子卻充滿活力、開放而且聰明。不過中間並沒有嚴重的問題。

然後那一天來臨。佛羅里安在一個抽屜裡發現自己的出生證明，當時他十三歲。感覺就像被劍刺穿一樣，當下根本不知該說什麼。

他迴避雙親，好幾個星期的晚上都很晚才回家。然後他對著雙親大吼：「你們是誰？我的父母在哪裡？你們和我有什麼關係？為什麼你們沒有立刻告訴我，你們根本不是我的父母親？你們騙了我，我再也無法相信你們。我現在該怎麼辦？」他的雙親嚇呆了，爸爸扶著椅子，媽媽跌坐在沙發裡，哭泣，不停地哭泣。父親囁嚅些模糊不清的字句，最後站起身來哭著說：「因為我們當時無法告訴你，我們一年又一年害怕這一天到來。你到我們這裡來的時候，我們是那麼快樂。而且……」他說不下去，佛羅里安不說話，父親的話語打動他，讓他深深感動，但接著又是一陣無力的憤怒制伏他。他咬緊牙關跑出房間。

不久之後他想到一個點子：他說服朋友陪他一起去尋找生母。他存了一點錢，給自己和朋友買了火車票，目的地是出生證明上記載的那個城市。他們真的抵達那個城市，但隨即被鐵路警察留置，他又再度感覺到那種錐心刺痛。

八年後他終於認識生母，也學著去愛她。他有如想追回被祖父——而非命運——所阻攔的一切。他經常前去拜訪生母，即使在她生病，或和周圍的人處不好時也去。他無從認識生父，因為他死於戰爭。那麼他的養父母呢？他一直對他們保持誠摯，從不曾遺忘他們為他所做的一切。

*

在他詳細敘述之後，他沉默下來，良久之後才搖搖頭說：

「我依然不明白這一切：我母親的父親對待她的粗暴，」——可以理解他依舊無法說出「祖父」這兩個字——「我養父母的沉默，還有其他很多事情。」他充滿期待地望著我。我讓他明白，他的故事深深撼動我，但是我該說什麼？

幾番思量之後，我說：「我想問你三個問題，這些問題並不能澄清任何事，但是或許能讓您從不同於眼前的角度，思考您自己的答案。」

• 您確定您在生母的家庭裡，會比在養父母家快樂嗎？
• 「收養」這個話題有止息的一天嗎？因為我們對所謂的命運的執著，會妨礙我們看到美好或甚至幸福的一面。
• 最後：對我們的生命具備主要決定性的從不是外部效應、事件或狀況，而是我們面對這些條件的態度。我們下回再詳談。

「省思」

養父母應該在何時對孩子說起領養的事實，這個問題並不容易清楚回答。唯一清楚的是許多養父母擔心，說出「那件事」之後，他們是否依然被孩子所接受、所愛。然而如果他們不說，成年後的養子女一旦發現（好比領養文件），這種傷害無法忽視：他們可能覺得受到背叛、被欺騙，喪失對雙親的信賴。這樣的人，不管有、無意識，都會絕望地質疑自己究竟是誰，「另一對」雙親是誰、在哪裡；如果他在另一個家庭長大，他的生活會如何……對這個祕密保持緘默的後果，也許無法想像。

相反的，經驗指出，早日進行對談比較有益。如果雙親平靜、謹慎而且像平常一樣自然地和孩子談，孩子或許比較容易接受這些「訊息」。

重點只在於不要做戲劇性的陳述，而是真實描述「一切如何發生」。孩子感受到雙親的溫暖和真摯，就會對雙親保持信賴。

*

大部分「愛情故事」的開端多美啊！許多愛情故事結束的時候又多麼令人哀傷而淒涼，因為命運、罪惡還是無能？下一章我將舉出這類故事當中的一個為例。但是，從看似無望的婚姻，有時能產生一種嶄新、真實而深情款款的關係。原因何在？再次一章的故事將加以呈現。

如果人們無視眼前一切困境，只想和對方相守，那麼智慧的猶太宗教哲學家馬丁・布柏（Martin Buber）在他知名著作《哈西德派學說的為人之道》（*Der Weg des Menschen nach der chassidischen Lehre*）當中的說明，會提供他們最大的幫助。我希望這本書在學校就被介紹給年輕人。

「我和旁人一切衝突的根源在於我的心、口不一，我的言、行不一。

因為如此一來，我和旁人之間的情況越來越混亂而惡化，而我因為內在脆弱根本不再能掌控情況，相對於我的想像，我失去主張，成為狀況的奴隸。我們以矛盾和謊言對衝突情況火上加油，賦予他們操控我們的力量，直到我們被奴役。自此開始就沒有其他出路，唯有認知轉變：一切取決於我，以及藉助轉變的意志：我會振作起來。」

如何能辦到？布柏接著在幾行後面這麼寫著：「一切取決於從自己開始，而且在這一刻，我在世界上唯一在意的就是這個開端。其他立場將我帶離這個開端，減弱我開始的動力，讓一切大膽而有力的行動成空。」[20]

實踐這樣的「行動」是困難還是容易？這取決於我認為生命有多珍貴，不管是我自己或是伴侶的生命。

*

20／馬丁．布柏：《哈西德派學說的為人之道》，海德堡，一九八六年，頁三十二及三十四。

13

怯懦導致的失敗婚姻

接下來這個故事並非出自我的診療室，是朋友告訴我的：

他在大學研討課上看到這個女學生，他是講師。這位年輕女性和其他女學生都不一樣，她盯著他看，讓他感到困惑。她微笑著。幾星期後——出乎他的意料——她對他說：「如果您想休息一下，請來找我。我住在綠地裡。」他前去找她，並沒有什麼罪惡感。偏偏是他。

他已婚，有三個孩子，他很愛他們。過去對他妻子充滿親愛的關係已經逐漸變淡，從婚禮前就開始了。但是外遇，甚至離婚，這些他都不曾想過，光是為了孩子就不會。但世事難料。

他異乎尋常晚回家的時候，他就發明一堆藉口；每當妻子早上問起他一天過得如何，他就說謊。他沒想過孩子幾乎沒看到他，他壓抑他「其實」應該和他妻子說起女朋友的想法。他只想著女朋友，他的妻子對他反而陌生。

某一天他的女友說他現在必須快點決定他要什麼，純粹享樂的時間於是成為過去。但是決定權卻不在他：他和女友去旅行，因為一個「奇怪的偶然」，他妻子知道這次出遊，於是和他攤牌。他就像個小男孩似地坐在她面前，坦白「一切」，願意立刻搬出去。唯一讓他感到害怕的是想到孩子們，他應該在何時和他們說出他的決定呢？

妻子問他：「為何你沒有立刻告訴我你有外遇呢？」「因為我無法

說出口。」「老天爺，為什麼不？」他沉默不語，她對他大吼，把這幾個字盡量拉長：「為什麼不？！」他依舊保持沉默。「所以你這個仁慈的先生還沒有勇氣當面告訴我，這兩年背著我做了什麼？」

他站起來，請求妻子給他一點時間，意外地，她讓他走開。他點燃一根菸，走進花園，心中深感愧疚。他問自己：「是啊，為什麼我沒有毫不猶豫地告訴她事實？對她坦誠真的那麼困難嗎？難道她不值得我真誠以對？」然後他聽到內心的另一個聲音：「我早已不知道自己想要什麼。」而且這個聲音沒放過他：「你欺騙她，在一切對我們而言或許不算太遲的時候，你剝奪了她直接面對你的機會。」

他究竟害怕什麼？直視她的雙眼？失去她的關心？擔心她生氣以及她的家人輕視他？她的家族反正不會諒解他。或者？他注意到自己依舊沒有意識到，為何他兩年來享受妻子的照顧，卻沒有對她說清楚外遇。他又點了一根菸，突然間知道答案：「因為我太膽小，不敢承擔發生的一切。」他瞬間感覺鬆了口氣，有種奇特的感覺。他想立刻告訴她「一切」。

但是他沒辦法，因為當他走進客廳，他看見妻子在哭泣。他想撫摸妻子的肩膀，她斷然拒絕。他們兩人都沉默不語。孩子之一打開門呼喚：「媽媽！」「現在沒空！」她叫得那麼大聲，孩子驚慌地縮回去。

突然間她站起來，冷冷地看著他，讓他困惑了一會兒，然後她說：「你究竟知不知道，我其實早就猜到你有外遇了？」換他生氣了，他衝著她：「妳為什麼沒有對我說過一句話？」她吞吐著答案：「因為我不想告訴你！」他的臉色蒼白，問她：「為什麼沒說？我們一直……」他及時意識到，對他而言，說完這句子會讓情況變得更尷尬。

過去兩年當中，他們倆雖然住在一個屋簷下，卻沒有分享彼此的生活，兩個人在家裡都不再覺得舒坦，幾乎只說些無關緊要的話，不曾再看著對方的眼睛。他們都錯過了再度尋回彼此的機會，兩人都失落，因為他們沒有嘗試交談溝通。

「省思」

離婚是深刻而痛苦的傷痕，傷害心靈，製造混亂，不僅干擾伴侶關係，也擾動家族、朋友和熟人圈，讓孩子頓失所依，把整個童年覆上陰影，也許影響一生。離婚是深刻而痛苦的傷痕，如果可以避免，就應加以避免。

但是：有時分離是必要的，因為如果一段關係變成長期危機，甚至變成永遠的痛苦，如果伴侶之一的發展受到阻礙，當然會懷疑繼續共同生活的意義何在。有些不幸的關係甚至會導致疾病。

不管分手是否必要，但有機會減少嗎？「發生」的機率是否太高了——有誰能做出評論呢？無論如何，數字說明現今離婚比過往多。維爾納・巴騰斯（Werner Bartens）在他二〇一三年出版的著作《伴侶維持要素》（*Was Paare zusammenhält*）一書中提出，根據德國統計署的資料，德國有大約一千八百萬對夫妻，以及超過兩百五十萬對非婚姻共同生活伴侶。每一年大約又產生四十萬對新人，但是也有將近二十萬對夫妻離婚。[21]

為何有這麼多人離婚？

我認為有三個重要觀點：

第一：透過這個世紀的深層心理學，我們比其他世紀的人更知道我們的期望——那美好而過往的時光。可惜結果卻是我們過度專注於自我，

21／維爾納・巴騰斯（Werner Bartens）：《伴侶維持要素——為何人必須能嗅聞，以及為何性愛被高估》（Was Paare zusammenhält. Warum man sich riechen können muss und Sex überschätzt wird），慕尼黑，二〇一三年，頁十三。

開始忽略眼前的事實，忽視我們不只是個體，也是團體生物。

第二：隨著世界越來越世俗化，生命中的安全感就隨之減少；隨著安全感減少，伴侶的期望也隨之升高，對他人的要求亦然。雙方的期待越高，過度要求對方的趨勢就越顯著。

第三：因為我們這時代一切都在轉變，不管是科技、政治、社會、倫理等方面，生命最敏感的領域又如何能躲過這樣的轉變？答案是不能。這時代的人絕未變得討厭親密關係，只是能依循的指引、可感覺的經驗價值，都不像從前那麼多。否定這一點的人應該一整個星期體驗一下我們門診裡說起的困境。

分手是深刻的傷痕

非自願地和伴侶分開，尤其是和親愛的人分開，是生命的深刻傷痕。

即使早已長時間因此感到憂懼，對被留下的那個人而言，現實是他起初幾乎無法應付的遭遇。如同那句法國俗諺：Partir, c'est toujours un peu mourir ——每一回道別都死去一點點。

被拋下的那個人面對全新、卻非他所願的生活狀況，起初的反應相當無助——可能感到震驚，出現憂鬱和攻擊性，感到絕望。他至今的生命觀被非自願的分離改變，生命價值感或許就此消失；起初對新情況做出適當調整的意願並不高。許多慣常的事情突然間不再進行：睡醒時徒勞地摸索枕邊人的手；早餐時桌邊的椅子空著；再也沒有道別的親吻；中午期待的電話不再響起；晚上走廊不再傳來熟悉、拉長的「我回來了」；看著喜歡的節目時，電視機前的座位也是空的。然後是夜裡，床變得太大，害怕的寂寞鬼魅，開始擺出冷酷的臉。

孩子受的影響更大。他們變得那麼沉默，很難和他們談論分手這件事。有時被拋下的人會說「負心人」的壞話，一些本來最好不要說出口的話。還有該如何安排探視時間呢？根本都還沒有通知學校……

再者，被拋下的人突然間必須承擔另一個人至今有效完成的工作：文書事務、部分家事、和鄰居閒聊、參加家長日等等。

然後是生活費用。夠用嗎？至今的規劃是否合理？她／他還會像從前那樣公平嗎？如果真的離婚，長期而言會獲得良好的解決方式嗎？房子要怎麼辦？

公文寄到家裡，問卷上現在寫著「分開生活」，令人心痛、羞愧，彷彿分開生活的人不再具備完整社會性。報稅單也必須變更，這些變化會造成什麼影響？誰還會是朋友？鄰居會有什麼反應？誰會保持忠誠？

因為分手之前總會發生或大或小的明顯危機，對於「為什麼」這樣的問題可以給出的答案是：被留下的人可能認為另一半的新伴侶是分手的因素，或是似乎無法解決的性生活問題，因為工作過勞而造成逐漸疏遠，嚴重的溝通障礙，對孩子教育的根本歧見，或是另一半自我實現的期望等等。苦苦思索的人很少明白，這些問題根本沒有答案。

相對的，質問分手的「真正原因」最初根本沒有獲得答案，相關的人卻很難忍受這種狀況。因為質疑「真正原因」，意味著儘管有現存的問題，卻不能忍受「和另一半共同尋求解決方式以度過危機」。因此，如果問題沒有得到解答，就在內心留下真空，讓各式各樣的沉重感受進駐：痛苦、憤怒、無助、報復、自覺低下、輕視……凡此總總。尼采曾說：必須背負「為何」而生活的人，幾乎能忍受所有的「如何」存活。未曾質疑過「為何」生活的人，如何存活這個問題將會變成莫大的困境。

分手後生活指南

1.
危機是人生的一部分，任何生活都有風險，但是有些人不會注意到危機，因此內在也不會有所進步。

危機是至今生活連續過程的裂痕，是危機也是轉機。危機威脅人們，並且促使人們改變生活。

任何危機都是心靈在發燒，讓人注意到內心在「發炎」。

任何危機都是心靈的痛楚，心靈沒有充分感受其意義，因此迫切追求有意義的生活。

任何危機都是未實踐生活的表現，生命期待被徹底活過。

任何危機都隱含一個祕密的意義訊息。

2. 生命故事的走向，並非由特定的失望、傷害，也非由特定的失落或困境來決定，而是由我們如何面對這些狀況調整心態，以及處理它們的方式來決定。主要重點不在於我們在困境下經歷了「什麼」，而是我們「如何」卸下及處理重擔。

每個人直到死前都曾經歷過：他經常沒有做出適合自己和他的狀況的事情，但是他也經驗到他本來可以有非常不同的做法，因為他比自己所認定的還要自由得多。

3. 因為我們不只是個體，也是群體生物，我們不僅需要有人見證我們的快樂，也需要有人見證我們的困境，而且我們找得到這樣的人——朋友，對我們抱持善意的人，於是我們（重新）和生命建立起關係。

4. 承認自己失敗的人就不會自我欺騙，不欺騙自我的人能獲得新的自由空間，節省力氣。否認確實失去伴侶的人也失去力量，因為再也沒有比排擠真相更耗費力氣的事。

5. 危機早期特別容易跌入壓抑想法和感受之中，因此需要把這些說出來，抱怨一番、好好哭一場；如果無可避免，也要大發一場脾氣。因為**語言可以澄清，也創造距離**。

6. 任何理性的人都不會喜歡舊瓶新酒，必須或想要重新開始生活的人，會因此告別一切讓他連想到過往悲傷、曾經的失望和舊傷口的事物。

但是他也會尋思過去美好的時光，因為憶起成功的生活能緩和分離的苦澀，感覺過去的伴侶關係並非徒然一場。過去雖然影響一個人，希望——人類最強大的動機——卻引導他進入新的生活經驗。（再度）懷抱希望的人，即使過去充滿痛苦，還能（再度）追尋生活意義。

7. 一個人受苦的那幾年不必然就是迷失的時光，執著於自己的問題和困境的時間才是損失，使他沒有充分地享受生活，或是因此未下定決心盡可能拾回錯過的生活。能夠重拾的不是過去發生的事情，但是至少是一部分未被消耗的力量。我們每個人內心都有許多未被體驗的生活。

8. 長時間執著於困境，只看到使自己沉淪的因素，這樣的人忽視價值的多樣性，這些價值在困頓時期也等待被實踐。而且：某個價值一旦被視為至高無上，好比和一個人的關係，生活就受挫而退縮。

9.

沒有人有權擁有另一個人，每個人要為自己找到生活的意義，以及找出生命的道路。緊緊抓住他人的人，一定會失去對方。

沒有人能將某種價值無限上綱。好比某人若認為沒有負起某個任務，不能沒有受到認可，不能沒有健康，不能沒有房子，不能沒有孩子，沒有這一個人就活不下去，他的心就執著在上面，把世俗人間加以神化。但是當他一旦失去他以為不可或缺的，他就覺得整個世界崩毀，陷入絕望之中。心裡牽掛著和我們一樣終有一死之物，這樣的人生無法繼續。

這種人的伴侶也可能感到絕望，因為對他而言再沒有更壓抑的事：必須成為他人的人生意義，成為對方的「唯一和一切」。

沒有人有權利把自己的生命責任加在他人身上，依附著對方。但是如果發生這樣的情況，這種愛對於「被愛的人」就會變成難以承受的桎梏。

10. 和他人分離原則上並不意味著拒絕他人，只是拒絕一段關係中的伴侶，因此，被拋下的人常表現出因為分離而自覺比較沒價值，真是令人惋惜的誤會。

11. 處理無法改變的事，這是最大的人性問題，也是最大的挑戰。不要將無法改變的事情當作宿命，以為那必然導致人的全部存在價值低落；將無法倒轉的事情，當作擴充及深化個人生命的挑戰，就能成功。

12. 分手的伴侶如果能「在灰燼中發現足夠的火花」，就能再找到彼此；認真尋找暫時失敗的因素和原因，並且尋找共同生活的新道路。

13. 如果失敗的伴侶關係能充分加以「處理」，新的伴侶關係就能成功。想擁有新的親密關係卻不敢懷抱期望的人，思考時不能只根據自己或他人的負面經驗，因為內心可能抗拒新的伴侶關係，自己卻未曾意識到。

14. 人不只有可能接受自己，也可能拒絕自己，同時將未意識到攻擊自我感受投射到伴侶身上，此一事實乃是大部分伴侶關係失敗的原因，在分手時刻造成波濤洶湧，是缺乏和解意願的最深刻原因，也是新建立的關係失敗的最根本因素。

15.

分手隱含著變換生活的希望和機會，只要在一段關係中失敗的人不只面對自己的損失，也面對自我、自己的個性和過往。因為唯有如此他才能獲得新的意義經驗，以這樣的方式盡到自我負責，經驗到被實踐的責任也是被實踐的自由，被實踐的自由是對廣度和深度、喜悅和歡樂、意義和存在實現的經驗。

16.

恨摧毀生命，不管是自己或他人的生命，和過去的伴侶和解，是攸關生命的工作，不可被無限推延。和解可以是內在靈魂方面，也可以具體發生在與他人之間。彼此之所以有和解的機會，乃在於看出分手最強烈的動機無法評說，雙方各有立場。對一個人的所有說法，最終只是影射，從不曾是可靠的解釋。

17. 任何被塑造的痛苦，都表達出人對生命價值多樣性的敏感度；任何形成的痛苦，都表達出自由和對生命的愛；任何形成的痛苦，都擴展個性。

18. 尋找意義幾乎從未被棄絕，幾乎總是能找到意義。因為生命裡的價值一直都在，即使暫時從受苦的人眼前消失。但是只有以身、心、靈尋找意義的人才能找到，並且不會因為困境而不再感覺生命的珍貴。

19. 危機應該變成機會，這樣的轉變需要使力。很多人都勇於讓他人為自己的生活失敗負責，但是並不樂意捫心自問。許多人嘗試透過新的認知以改變生活，但是唯有透過必要的作為才能發生改變。許多人都知道對新的快樂的渴望，但並不願意認真看待自己的渴望。即使如此：許多人發展出對新生活的希望，無疑許多人有好的理由這麼做。

20.

「做人意味著能改變自己。」（維克多・E・法蘭可）

14

不想讓太太知道——婚外愛欲

「明天我要去找個地方自己住！」亨利大吼，他的臉因為憤怒而漲得通紅，他剛離開同事的診療室，站在我們診所的大廳裡。我一反常態請他和我談一談，他接受這個建議。我問他，也許他能請他的妻子一起來。他們兩人都來了。一開始兩人表現得一副不認識對方的樣子，在談話過程中，我卻察覺到兩人都渴望出現一座橋樑，能讓他們重新尋回彼此。我們約定下一回的諮商時間。

我建議他可以先來，他正處於困境之中，但是原因卻非我所預料。他總說：「我不能告訴她，我怎麼可能告訴她……」不能告訴她什麼？他多年來一直都去找同一個妓女；雖然結婚二十五年依然愛他的妻子，卻「痴迷」另一個女人，他說不出口。這導致他面對妻子越來越彆扭，妻子則越來越焦躁。她有時輕聲、有時咄咄逼人地問他：「你怎麼變這麼多？」然後他轉身背離，沉默不語。他認為自己「良心非常不安，偏偏無法下定決心向她坦白說出一切。」

在和他妻子的對話當中，她抱怨丈夫太少在家，即使在家也是暴躁易怒，根本無法親近。她是否能解釋他的行為？不，她不能，完全想不通。和丈夫的下一次談話當中，我問他是否能想像和妻子談起他們疏遠的真正原因。他沉默良久，低聲說：「不行啊，怎麼可以。」

「那可以怎麼做？」我同樣低聲地問。

「也許我可以對她說，我們彼此疏遠都是我一個人的錯，不可能再多說了。」

我驚訝於他的勇氣，因為妻子當然會問他為什麼。「那麼我會告訴她，人總有些事情可以保留給自己。」我只是看著他，稍停之後，我順著他的思路：「或許可以，但是您是否能把造成自己莫大負擔的事情，以內心的『全面告白』終結？」亨利緩緩搖頭表示，如果他把一切攤開來，他的妻子會立刻把他趕出家門，他接著補充：很合理。

在下一回和妻子的談話當中，她想知道她丈夫之前說了什麼。我提醒她我有守密義務，不能告訴她任何和她丈夫的談話內容。我反而對她提出一個問題：她能如何重振她的婚姻。我承認，其他時候我能想出比較好的問題，但是她的答案出乎我的意料：「顯然比您相信我能辦到的更多。唯有一件事我無法忍受：沉默，正好是我丈夫容許自己面對我的方式。」

我問她，她是否也對這般的婚姻困境推波助瀾。「當然。」她的答案就像左輪手槍射出的子彈。「您倒是試試看和所愛的男人生活在一起，他卻迴避您——而且是在各方面。您一定能了解。」我點點頭：「然後呢？」她哭出來：「然後您不僅生活無趣，而且容易激動、頑固、大吼大叫、絕望，反正什麼都有，就是沒有吸引力。」然後她說出我預期的那個句子，可能成為兩人間重建橋樑的開端：「他其實可以告訴我一切啊，真的，任何事情。我唯獨無法再忍受他那該死的沉默。」在我們談話最後，我問她，是否可以告訴她丈夫我們這次談話內容。她勇敢地點頭。

當我告訴亨利我和他妻子談話的最後一部分，他輕聲地說：「她夠棒了，不只，她是個了不起的人。我再也不能繼續欺騙她。」他會對妻子說什麼？「一切。」我擔心他波動的情緒，可能讓他揭露自己婚外愛欲的所有細節，雖然能減輕他的罪惡，卻會造成妻子的過度負擔。我因此問他：「一切？」他明白我的意思。「哎呀，只有她真的應該知道的一切。」

之後他們倆人一起前來，亨利告訴妻子「所有重要的事情」。效果呈現在兩人的臉上，他顯得非常不安，她的臉有如石化了一般。沉默良久之後我問妻子這一方：「那麼？」

她喘不過氣來。然後她忘記我的存在，對她的丈夫發洩聽完他「懺悔」之後內心湧現的所有情緒。她哭泣、咒罵、責備他，她責怪自己，用拳頭搥打桌子，縮成一團，接著哭了好一會兒。然後她抬起頭，用半閉的眼睛側眼看著她丈夫，低聲說：「可是天知道我還愛著你，你這個騙子。」在似乎無止盡的一段時間之後，他緩緩起身，更緩慢地走向她，彎身向下，小心翼翼地擁抱她，兩人的頭貼著頭，解脫地哭泣良久。

「省思」

每當我說出「和解」這個字眼，我就感到平靜、溫暖、和平、從容；身、心、靈都放鬆下來，生活和諧。相反的，我如果說出「恨」這個字眼，就感覺緊張、冷漠、沮喪，我緊繃起來，生活受到干擾。

和解來自於原諒，原諒與和解攸關生存，不是單純社會相關現象，而是人類的特質和價值，是人類天性的一部分。原諒與和解是真實機會，我們能加以實現，也可以拒絕。經常被遺忘的是，唯有引發不滿的傷害變得清晰，也就是對立雙方再一次有意識地審視引發怒吼、怒氣甚至恨意的傷害，原則上促成和解的原諒才可能發生。

愛與恨是不可分的感情力量

我們活在愛與恨的張力之中，一向如此，這一直都是人類最大的謎題之一，正如歌德曾說：「啊，我們胸膛裡住著兩個靈魂。」一個想要平靜，另一個帶來干擾，甚至破壞，正如童話所述說，反映我們心靈已知的經驗。夢境和想像力也傳達同樣的訊息。我們的老佛洛依德也這麼說，他在生平倒數第二本著作《文化不自在論》當中說起生命裡的兩大巨人——性慾和「死亡衝動」[22]，真實生活尤其不斷述說這一切。

在外界那一邊發生的事也發生在內心世界裡，經常不受任何理性牽制，接近瘋狂界限，也常常根本就是瘋狂。另一方面：發生在活出來的愛與和平能力上的事同樣令人驚訝。

應該讓自己意識到愛與恨是無法分割的感覺力量。這是什麼意思？如果我長時間對一個人惱怒，生對方的氣，或是恨他，不僅對方感覺到我的攻擊性，我自己也會。如果惱怒、憤怒、恨意，也就是拒絕和攻擊性長期佔據我的心靈，束縛、填滿我的心靈，我不僅傷害他人，自己的

22／席格蒙．佛洛依德（Sigmund Freud）：《心理分析概要——文化不自在論》（Abriss der Psychoanalyse. Das Unbehagen in der Kultur），法蘭克福／麥茵河，一九七二年，頁一一九以下。

心靈也會緊繃、變得灰暗。接著我的心靈只會繞著被拒絕的「客體」，失去對生命的喜悅感受，不再感覺安定，意義感覺也隨之降低，免疫系統也受累，越來越受到毒化……所有的器官組織都承受負擔，再來是心理障礙，心靈失去防護罩，最後整個人都出問題。

我如何和解？

相反的，如果我和某人和解、重修舊好，再度敬重他，那麼我也重新對自己好，再度經驗到自重。然後我感覺到如何從我內心再度發出善意，我於是比較容易覺得自己和生命的美好。

怎麼樣才能和他人和解？例如：

- 我首先要和自己的生命故事和解：和雙親、手足、我難搞的基因、命運打擊，這些我毋須或畢竟要負責的事情和解；和無數我必須忍受的不公不義和解，和我自己多年來遮蔽或阻礙生命的錯誤決定和解。

- 我根本地質問自己，我是否助長衝突或無法和解的狀況。
- 我用許多時間思考，造成我無法和解的真實原因何在。
- 理解尤格・秦克（Jörg Zink）這個句子：「沒人選擇自己的命運、本性、弱點、神經官能症或破碎的性格，以及所有分裂，沒有人自行決定力量的界限。我們所有的人都承受他人為我們備好的生活，怪罪自己或他人並沒有意義。」[23]
- 理解尼爾森・曼德拉（Nelson Mandela）的句子：「憎恨的人永不得自由。」無法擺脫什麼呢？無法遠離所恨的人，因為對方繼續左右自己的想法、感覺和行為。
- 讓自己浮現一個問題：如果我和對方和解會怎樣？這個問題預示真實機會，具備磁力，將提出這個問題的人從不自由狀態拉出來。

23／尤格・秦克：《自由的呼吸——論坦誠的生活》（Atem der Freiheit. Vom Leben im Offenen），司徒嘉特／蘇黎世，頁五十九。

哪些答案可能從中浮現？

- 我將不必再繼續和此人打交道。
- 他將不復在我的夢中折磨我。
- 我能再度和對方見面。
- 我會放鬆許多。
- 我將再度歡笑。
- 胸口的重壓將會消失。
- 我總有一天會更自由，變得「比較偉大」。
- 整個人生會比較明亮。

有時我坐在診間裡，想著尼爾森・曼德拉的話，人類的問題不在於他們有所不足，而是在於他們不相信自己的偉大。人可以變得多偉大？一個人的偉大難道不在於他有多滿意自己和所擁有的嗎？啊，我想繼續思考曼德拉的願景，因為我越來越堅信，人的精神深處有許多「指日可待的生命」（維克多・魏澤克／Viktor von Weizsäcker），我接下來將為您介紹的這個男人也一樣。

*

*

15

我不想邀請任何人——家裡一團亂

我認識這個人的時候還不知道囤積癖是什麼，也不知道囤積癖會造成哪些痛苦。我第一次看到他，就注意到他沉重而笨拙的步態。鑑於他的職業，我原本想像他的衣著不至於像眼前這般，他的夾克上有幾處刺眼的斑點。我詢問能為他做些什麼，菲利普跡近困惑地看著我，然後沒頭沒腦地開始說起他的過去：說起他通常迷糊的母親，說起他自我閉塞的父親，說起他成功的兄弟。他從容地詳細描述每一件事，我覺得不要重複我的問題比較好，因為他顯然需要時間，才能說出他真正的困擾。

他不快樂。雖然他職業上的確有所成就，也覺得周圍的人喜歡他。「女性呢？」我有點貿然地問。他回答：「偶爾才會發生。」試著以他的句子逗樂我。我順著他的思路問：「我能問一下，如果身邊『出現女性』，您的生活感受是否發生變化？」他發覺他前面那句話引起我的好奇心，就回答說：「啊，一切都非常複雜，您知道的。」於是他開始說明為何來找我：

他早就期望能找到伴侶。並非他從不曾找到過，恰好相反，他雖然外表並不特別出色，卻認識許多女性。每次期望都很高，總是找到氣氛不錯的地方約會。但是每當更進一步，話題轉到他的住家之際，他在這次約會之後就不再和對方連絡。一走了之，之後也完全沒消息。

菲利普看著我，仔細地觀察我，看我並不顯得特別意外，他繼續說：

「您或許會問，這種舉止多奇特。不，我對女性本身並沒有任何恐懼。但是她們之中沒有一個讓我……」菲利普結巴了，這時他不再能侃侃而談。我遞給他一杯茶，鼓勵地看著他，然後他說出「事情」：「我無法邀請她們到家裡來，因為公寓裡……因為家裡非常亂。我是說，走廊根本走不過去，只能走向兩個地方，書桌和床。其他地方，傢具、櫥櫃都塞滿報紙、雜誌、書籍、籃子，掛著曬衣繩等等。」他眼淚都快掉下來了。「再來是我的工作！我的同事如果看到這光景要怎麼辦！」這個情況何時形成的呢？「很久了。」他疲累地說：「我不確定。」他是否能讓某人過來幫忙？他反問：「找誰？您了解嗎？要是讓某人進到我的房子，我根本就無地自容。」我所有仁善的策略，例如告訴他的朋友，請求他們提供具體協助，都被他斷然拒絕。

我又試了最後一次：「我可以再請問一下，您所認識的那些女性當中，難道沒有一個是您能信賴的嗎？」

「沒有！」他漲紅了臉，大聲吼出來。

我同情地看著他。我們沉默了好一陣子，然後我一鼓作氣地問：他知道自己公寓裡那一團亂的原因嗎？不，但是他認為外在的混亂和他的內心相呼應。我們決定繼續處理這個問題。一段時間之後，我們友善地終止談話。我想我沒有辦法幫助他，我在那時還沒遇到過這種問題，日後才了解囤積症候群。

「省思」

囤物癖患者傾向收集東西，其他人會認為這些東西毫無價值並且丟棄。他們個人覺得很難現實評估這些東西的價值，他們不知道什麼東西有用、什麼無用。雖然他們知道自己囤積東西並不理性，卻無法放棄收集。結果可能是家裡幾乎無法跨入，造成嚴重的社交問題。

除此之外，囤積症問題還包括無法良好分配時間，如果有重要的事，行為能力就阻塞，推延「一般」義務，忽略社交禮節。

囤積癖有各種因素，可如下大致陳述：

- 可能有各種不同的醫學因素。
- 物品連結親愛的人，囤積症患者認為必須保存他們送的禮物。
- 未經處理的創傷，也就是深刻入裡的心靈傷害。
- 極端吝嗇也可能導致患者必須保存一切，覺得這些東西總有一天還會再派上用場。

回想我從前的病患，我直到今天還會感到他所承受的莫大壓力，必然是他住處的混亂在他內心所引發。還有他深深的羞恥感，只要有人表示要來拜訪，他就必然感受到亟需辯解。目前有夠多「專家」覺得能處理這樣的困境，因此我僅點出幾種協助：

現今的治療觀點

1. 今日如果我要處理囤積症，我主要會藉助夢境分析及價值想像，找出當事人外在混亂的根本因素。因為無意識顯然是答案「所在」，這個部分是理智無法觸及之處。當想法、感覺或行為方式顯得「不理性」的時候，一定要探詢「無意識」這個部分。

2. 之後我們嘗試找出——依舊透過夢境和價值想像，患者最渴望的

3\. 是什麼：是內在秩序感？自由？愛的能力？沒有恐懼？

這些價值越清楚，就越能吸引人深入思考、加以感受，並期待它能實現。這很有幫助。

*

關於下一章：焦慮是我們這時代主宰生命的感覺：擔憂自己心靈的深沉或淺薄，因為周遭的人而感到憂慮，因全球整個世界而焦慮。因為缺乏意義，焦慮因而強烈；生命缺少支點所以缺少意義；尋找生命的意義變得困難，生命的支點因此減少；因為生命本身變得複雜而不再一目了然，因此尋求生命意義變得困難，因此通往意義的途徑顯得隱蔽。因為通往意義的道路被遮蔽，我們的焦慮因此強烈。

焦慮足以使人無言，無言卻妨礙交流溝通，而缺乏溝通將妨礙更自由、良好且健全的關係發展。

*

焦慮——總是擔心

他無法入睡，起身走進廚房，點根菸，注意到自己的手微微顫抖，片刻之後頭暈目眩。「已經多久了？」他聽到自己說：「整整三年，勇敢地撐過這段時間，獲得獎章一枚，勇敢的年輕人。」

他聽到房門輕輕地打開。「現在是半夜三點。」妻子輕聲說，看起來睡眼惺忪，深色長髮凌亂地垂在肩膀上。

她問：「你還是不想告訴他嗎？」

「他一看到我進門，就會把我丟出去。」

她垂下眼，手指玩著一綹頭髮，回應他：「但是不能再繼續這樣下去。」她稍微提高聲音，而他沉默不語，然後他說：「我就是窩囊，我爸爸就說過了。」

她一拳捶在桌子上，讓他整個人猛縮了一下：「不要再說這些自怨自艾的話了！我再也受不了你老是扮演犧牲者！」他又不吭聲了。然後他鼓起勇氣，說：「妳看，就連妳都看不起我，這段時間以來我早就知道了。」

她站起來，用雙手緊緊抵著他的胸膛，咬牙切齒地說：「我說最後一次：你知道你的舉止像什麼嗎？你的舉止像個小男孩，對，就像個小男孩。」她一再重複，雙手無助地再度垂下。

*

在我們第一次談話時，漢斯詳細地對我述說半夜的這回爭執。他沒告訴妻子就來找我，我提醒他想一下，如果告訴妻子到我這裡來的事，是否比較好。他猶豫了一會兒，然後點頭同意，接著又繼續說：

＊

「四年前開始，我在一家生意興隆的公司工作，公司有大約三十個員工。我的同事覺得我人不錯，但是我討厭他們叫我『小漢斯』。我的名字是漢斯！」這時他挺直了身體，握起右手成拳。我問他：「您曾告訴同事，您不想被人這麼稱呼嗎？」他垂下頭：「沒有。」我沒問他原因，只是讓他體驗他剛剛的內心歷程。然後我說：「您確定自己沒有多少力量嗎？」我避免「脆弱」這個字眼，「就像您現在所表現的？」他振作起來，驚訝地看著我，回答說：「我喜歡您所說的話……」

那麼和上司的情況如何呢？上司很像樣：正直、坦白、自信、有執行力、喜歡面對挑戰，不懼衝突和爭執，但是也心胸廣闊。這樣的上司卻似乎偏偏是他的問題來源，他怕上司。為什麼？

三年前的公司旅遊，這個上司曾以他洪亮而刺耳的聲音說：「您到底為什麼如此……」他想找出一個適合的字眼，「為何是這樣一個膽小鬼？您可能連在妻子面前也這麼懦弱！」接著上司友善地用左臂頂了他一下，然後轉向另一個同事。

上司這句話深深刺進他的心，讓他覺得受傷、迷惑，使他「一蹶不振」。他瞪大雙眼看著上司，囁嚅地說：「抱歉！」他立刻因為這句「抱歉」而感到羞恥，更令他無地自容的是「膽小鬼」這個字眼。此後這個字眼就日日夜夜折磨他，唯一能真正喘口氣，也能正視妻子的機會，就是度假和節慶休假的時候。

第二次門診時，漢斯又非常詳細地述說，他告訴妻子前來就醫的決定，以及我們談話的內容：

「她歡呼起來，」他一開頭就說：「『你看！我就說了！如果心理諮商師告訴你，你的內在不是你以為的那麼渺小，那你就該相信……』她忽然環抱著我，對我耳語，好似不讓別人聽到似的：『如果你鼓起這份力量，去找你的上司，對他說：我就是沒辦法忘記您在公司旅遊時對我說的那句話，那對我的傷害實在太大了。也許他根本不記得，那麼你就幫他想起來。』我覺得妻子的這些話不怎麼體貼，第一時間我覺得這些『激勵』有如催促我走進獅欄。接著她就像猜出我的心思一般說：『我只是覺得，如此一來你終於可以擺脫你受的傷，還有對上司的怨恨，否則我覺得你還會生病。』她溫和地加上這幾句。」

他的妻子對他來找心理諮商師的反應原本並不特別熱烈，卻迫切期待丈夫告訴她第二次談話內容。他再次把對妻子所說的內容十分仔細地告訴我：

「你知道我今天真正領悟到什麼嗎？我想問題並不完全在於我的上司，而是在我本身。有可能嗎？」我妻子——我後來才明白過來——隱藏內心喜悅，只是淡淡地說：『有可能。』然後我鼓起所有的勇氣說：『如果我去找上司，對他說妳勸我說出來的話呢？』『那麼我會對你感到非常驕傲。』我聽她這麼說。如果我沒看錯，她的嘴角似乎微微牽動著。無論如何我決定第二天就去找上司談一談。」

漢斯去找上司攤牌的事情，他在我們第三次談話中告訴我：

「我走進上司辦公室的時候，我的呼吸急促。他和藹地問我：『嘿，親愛的同仁，什麼風把你吹來了？』不能說我輕鬆愉快地把想說的事情說出來了，一點都不輕鬆。但是我清楚告訴他，他這個上司當時讓我很受傷，我用這句話結束我的『演說』。上司沉默了一下，『天哪，您當時怎麼沒有立刻告訴我呢？』我誠實地回答，即使感到有點可恥：『因為我當初說不出口，雖然現在說起讓我感到羞恥，但我當時太怕您了。』上司繞過桌子走到我面前，友善地用他的大手拍著我的肩膀說：『我對您的態度不佳，而您沒有告訴我，這樣的事情我不想再經歷一次。』」

要是所有心理治療都能如此快速、輕易而且令人喜悅地進行，該有多好。

「省思」

社交焦慮在企業當中十分常見，它降低生活品質，尤其危害婚姻及家庭氣氛。它就像綁匪，卻非命中註定。

針對這個主題，我多年來收集許多場談話，其中有幾場——親愛的讀者——我想傳播出去。我將這幾場談話視為腦力激盪，如果這番相關省思對您而言讀起來太累，就請您略過。

- 為何你讓他人佔據內心那麼多空間？你還沒有克服面對父親、母親、老師以及早年權威人士的恐懼嗎？
你還不敢對自己做出評判嗎？
當年「大人物」的聲音直到今日還妨礙著你嗎？
- 為何你迴避其他人？
因為他們可能搶走你的名聲、尊嚴、生存基礎甚至你的生命嗎？他們能嗎？
- 每次迴避生命，你的焦慮就加深。
每次不逃避生命，你的焦慮就減輕。
你越不逃避就越自由。

- 為何你不和自己站在一起？可能是看起來無害的毒藥——自憐——妨礙了你？你不知道嗎？這種感覺誘使你只看到不是真的你，只看到你沒有，只看到你所不能。
- 因為你的焦慮，你可能有許多願望沒有實現嗎？如果是這樣，那麼你還尚未了解，自己的人生要自己負責。
- 你面對他人沒有攻擊性嗎？你喜歡讓你感到焦慮的那個人嗎？那麼為何你對他們的批評那麼嚴厲？
- 你拒絕他人嗎？那麼你如何能期待他們接受你呢？
- 別人批評你，你就失去價值嗎？別人讚美你的時候，你覺得自己的價值提高了嗎？

你從他人那裡獲取自己有價值或沒價值的感覺嗎？
你不重視你對自己所作的判斷嗎？

• 沒有任何人像你，沒有人擁有和你一樣的命運和故事。
沒有人是你必須拿來和自己比較的。
如果你能理解這層關連，你想得出來你會有多自由嗎？

• 要克服對他人的焦慮，再也沒有比下列方式更有益：
探究什麼比你的焦慮更重要，以及：找出引發焦慮的情況！

• 許多焦慮並非在當下形成，而是在過去。因此，如果我站在你的立場，我會對可信賴的人說出相關的整個生命故事。也許你如此一來會看清焦慮的根源，或許也找出解決方式。

焦慮通常是個騙子，我們會看到一些不符現實的畫面，那是我們的焦慮所描繪的景象。一旦焦慮描繪出景象，就窄化我們的視角（焦慮＝

狹隘）。我們充滿焦慮的想像，就被轉移到現實中完全不同或看起來不同的事情上，使我們「看到」更多自己的焦慮。要如何對治？直視！直視！直視！

大家都知道，我們害怕的多數事情都不會像我們擔心的那樣發生；不為人所知的是，我們為何那麼少從中得出結論。

我們期待的多數事情，都不會如我們想像的發生，這也是眾所周知；但是我們也不知道，**那些令人開心的想像，之所以實現的機會不大，乃是因為我們經常把它與自己的恐懼混合。**

16

因為我無法說出那句話

在網路上的心理治療論壇上，我在「當時無法說出口」這一版發現一封信，有個年輕女性請求建議。任何人都有可能寫這一類的信：

「我真的非常愛我的男朋友，只是我無法告訴他……我們兩年前認識，一年半以來我都想告訴他，但是每次我打算這麼做，我就語塞，嘴唇像被封上了，我就是一個字都說不出來……

他同樣還沒對我說什麼……他很難說出自己的感覺……我其實不是這樣，而且我很樂於告訴他，也許這樣他就會覺得容易些……但是我也沒辦到……

即使我知道我們彼此相愛，我們向彼此展現愛意……而且比起只是說說卻有口無心，具體行動更重要……

這些話語顯然對我們的意義太過重大，因此我們兩人才都說不出口……

還有人也是這樣嗎？有人能幫我嗎？你們想得出來，為什麼我突然有如癱瘓了一般？

我希望能夠告訴他，也讓莫大的緊張終於能消失……」

「省思」

這是我們時代的一個問題：許多人很不容易表達出自己的感受，因此許多愛語沒說出口。這不是缺乏愛，呈現出來的反而是無助。在伴侶關係當中尤其是個問題。不少伴侶雖然彼此相愛，卻是愛在心裡口難開，說不出全世界最美的那一句「我愛你」——不管是等著說出來，還是等著聽到這句話的人。

然而也許大部分人心最感溫暖的時刻，就是一個人對另一個人說：「我愛你。」人們說出這句話，而其他人聽到的那一刻，他們臉上的表情最美。或許再沒有其他字眼比這一句話湧出更多希望、力量和生命。愛的「告白」當然不是伴侶關係當中最重要，毋寧是兩人向對方具體表示愛意。然而：具體行動，以及表達所有感覺中最珍貴的，才使伴侶關係圓滿。

只是，為何那麼多人覺得說出他們的愛意那麼困難？可能是因為有人認為，一旦說出「我愛你」，就有義務維持穩定關係；或是有人不喜歡說出這句話，因為並不確定自己的感覺；又有的人也許擔憂對方不會如其所願地回應這份愛；還有些人需要距離，因為強烈的情感表達超過他能負荷；也有些人是不想「被別人懷疑」自己是「追求者」……不管抗拒「我愛你」一詞的原因何在，他或她都得先自問：是什麼阻撓自己說出那句話？

然後呢？

人與人之間有連接的橋樑，尤其是相愛的兩個人之間。有兩個例子，一是對方的眼睛，映照出她或他的內心小劇場：害羞、不確定、擔憂或期望，也許還有對「我愛你」這句話的盼望？無論如何就是如此：兩個人對望的時間越久，彼此就越靠近，就越來越熟悉信賴彼此，他們也就越容易為對方找到世界上最美的那句話。

雙手也是相愛兩人之間的橋樑，尤其是當他們同時也看著對方眼睛的時候。手能扶持、碰觸、按壓、握住、撫摸，伸出手的任何形式都表達出一種情感。向對方伸出手從遠古時代就象徵和平，或許也象徵愛情。

那麼語言呢？如果親愛的讀者您對您的愛侶說出下列的話會怎樣呢：

她：「我知道你不知道的事情。」

他：「什麼事呢？」

她：「你猜！」

他：「我怎麼猜得出來？」

她：「你想知道嗎？」

他：「當然。」

她：「對我而言，這是目前世界上最重要的事，但是我無法辦到『這件事』也讓我感到傷心。」

他：「現在妳真的讓我很好奇。」

她：「我猜，我指的那件事，你也做得不太好。」

他沉默了，然後充滿愛意的看著她：「妳這麼想？」

她：「對。」

他：「妳就說吧！」

她：「我愛你。」

他：「真好！我也愛妳。」

後記

當時無法說出口——這個主題有那麼多面向，多於我在本書當中所能呈現，遠遠超過人與人之間的狹隘領域。好比我想著政治和經濟領域的「祕密」，像醫學或藥學等領域，我們隨處都碰到這個課題，任何涉及重大事項的領域，具有一定的神祕特性，雖非必然。

許多未被說出來的事情，造成一些困境或災難。想想圍繞在希特勒身邊的將軍們，以及他們面對獨裁者的恐懼，違背良知、保持沉默，即使遍地的不幸已經明顯得令人震驚。

許多被說出來的事情使人解脫，在個人及非個人層面都一樣。好比想一下馬丁．路德一五二一年在沃姆斯所發表的著名演說，他在非常討厭他的皇帝面前說：「我在這裡，別無去處，願主幫助我，阿們。」（涉及他是否要收回他的教會改革主張。）他這番告白可能令他喪命，但是他堅持他的真相，改變了歐洲，並且不是只往壞的方向。

過去和現在無疑都有些祕密出於良好理由被個人、群體或政府所保守，不論是有權、能夠或必須這麼做。但是無疑許多人，太多太多人，卻將一些造成心靈負擔的事情只保留給自己。

我在這本書中所作的探討，主要為了鼓勵大家，說出比過去更多的、對心靈造成負擔的事。這麼做非常有釋放心靈的效果，即使不在第一時間就說出來也一樣。我想的也不只是「祕密」，而是所有未被說出來、困難以及令人欣慰的事情，還有會干擾或促進人際關係的事情。

除此之外，我認為真實乃是人類的核心價值。在我們這個時代，這個價值在排行榜上卻落到尷尬的位置上。不想對這沮喪的現況視而不見、想要為自己做出決定的人，會朝向自我認同、自我意義和對生命的接受度，跨進一大步。

參考文獻

Bartens, Werner: Was Paare zusammenhält. Warum man sich riechen können muss und Sex überschätzt wird, München 2013

Bode, Sabine: Die vergessene Generation. Die Kriegskinder brechen ihr Schweigen, 13. Aufl., München 2010

Böschemeyer, Uwe: Machen Sie sich bitte frei. Entdecken Sie Ihre Furchtlosigkeit, Salzburg 2012

Ders.: Unsere Tiefe ist hell. Wertimaginationen – Ein Schlüssel zur inneren Welt, 6. Aufl., München 2014

Ders.: Warum nicht. Über die Möglichkeit des Unmöglichen, 2. Aufl., Salzburg 2014

Buber, Martin: Der Weg des Menschen nach der chassidischen Lehre, Heidelberg 1986

Eldredge, John: Mach mich stark fürs Leben. Was nur Väter ihren Kindern geben können, Gießen 2005

Feldmann, Christian: Dietrich Bonhoeffer – »Wir hätten schreien müssen«. Ein Leben. Ein Zeugnis, Freiburg i. Br. 2015

Frankl, Viktor E.: Ärztliche Seelsorge. Grundlagen der Logotherapie und Existenzanalyse, 4.

Aufl., München 2013

Freud, Sigmund: Abriss der Psychoanalyse. Das Unbehagen in der Kultur, Frankfurt a. M. 1972

GEO Wissen. Die Welt verstehen: Väter. Was sie so besonders macht, Nr. 46

Gonzalèz, José Luis: Der Brief, in: Peter Schultze-Kraft (Hg.), Der Herr der Berge. Südamerikanische Geschichten aus alten und neuen Zeiten, Darmstadt/Neuwied 1979

Grass, Günter: Im Krebsgang. Eine Novelle, 9. Aufl., München 2014

Hell, Daniel: Seelenhunger. Vom Sinn der Gefühle, Bern 2003

Hoffmann, Sven O./Hochapfel, Gerd/Eckhardt-Henn, Annegret/Heuft, Gereon: Neurotische Störungen und Psychosomatische Medizin. Mit einer Einführung in die Psychodiagnostik und Psychotherapie, 8. Aufl., Stuttgart 2009

Plener, Paul: Suizidales Verhalten und nicht suizidale Selbstverletzungen. Manuale psychischer Störungen bei Kindern und Jugendlichen, Berlin/Heidelberg 2015

Salcher, Andreas: Der verletzte Mensch, Salzburg 2009

Zink, Jörg: Atem der Freiheit. Vom Leben im Offenen, Stuttgart/Zürich o. J.

伍衛・波薛麥爾著作精選

Die Kraft deiner Gedanken, Hamburg 2002

Die Sprache der Träume, Hamburg 2002

Sich selbst bejahen, Hamburg 2002

Sinn für mein Leben finden, Hamburg 2002

Gespräche der inneren Welt, Hamburg 2006 (Books on Demand)

Gottesleuchten. Begegnungen mit dem unbewussten Gott in unserer Seele, München 2007

Vertrau der Liebe, die dich trägt. Von der Heilkraft biblischer Bilder, München 2009

Du bist mehr als dein Problem. Uli – eine ungewöhnliche therapeutische Begegnung, München 2010

Du bist viel mehr. Wie wir werden, was wir sein könnten, Salzburg 2010

Warum es sich zu leben lohnt, Salzburg 2010

Das Leben meint mich. Meditationen für den neuen Tag. Ein Jahrbuch, 6. Aufl., Hamburg 2012

Machen Sie sich bitte frei. Entdecken Sie Ihre Furchtlosigkeit, Salzburg 2012

Begeisterung fürs Leben, Hamburg 2013

Unsere Tiefe ist hell. Wertimagination – ein Schlüssel zur inneren Welt, 6. Aufl., München 2014

Warum nicht. Über die Möglichkeit des Unmöglichen, 2. Aufl., Salzburg 2014

Worauf es ankommt. Werte als Wegweiser, 8. Aufl., München 2014

相關資訊

個別案例、生命學院、價值導向個人人格養成 WOP（意義治療預防概念），價值想像意義療法進修，以及其他活動形式的進一步資料請見：

薩爾茲堡存在分析和意義治療中心
薩爾茲堡價值導向人格養成歐洲學院

Institut für Existenzanalyse und Logotherapie Salzburg
Europäische Akademie
für Wertorientierte Persönlichkeitsbildung Salzburg
Email：office@boeschmeyer.at
www.boeschemeyer.at

漢堡市價值導向人格養成學院

Hamburger Akademie
für Wertorientierte Persönlichkeitsbildung
Email：sekretariat@boeschemeyer.de
www.boeschemeyer.de
www.corinna-boeschemeyer.de

・綠蠹魚 YLP34

當時無法說出口

「意義療法」給你坦誠的勇氣，解開束縛不再沉默，迎向自由的人生

・作　　者　伍衛・波薛麥爾 Uwe Böschemeyer
・譯　　者　不言
・特約編輯　陳琡分
・封面設計　萬勝安
・內頁排版　A.J.
・行銷企畫　沈嘉悅
・副總編輯　鄭雪如

・發 行 人　王榮文
・出版發行　遠流出版事業股份有限公司
100 臺北市南昌路二段 81 號 6 樓
電話 (02)2392-6899
傳真 (02)2392-6658
郵撥 0189456-1

著作權顧問　蕭雄淋律師

2019 年 8 月 1 日 初版一刷
售價新台幣 300 元（如有缺頁或破損，請寄回更換）

ISBN 978-957-32-8592-2

WEIL ICH ES DIR NICHT SAGEN KONNTE by Uwe Böschemeyer

Complex Chinese edition arranged through Hercules Business & Culture GmbH

遠流博識網 www.ylib.com　E-mail: ylib@ylib.com
遠流粉絲團 www.facebook.com/ylibfans

國家圖書館出版品預行編目(CIP)資料

當時無法說出口：「意義療法」給你坦誠的勇氣，解開束縛不再沉默，迎向自由的人生 /
伍衛．波薛麥爾(Uwe Böschemeyer)作；不言譯．-- 初版．-- 臺北市：遠流，2019.08
208 面；14.8×21 公分．--（綠蠹魚；YLP34）
譯自：Weil ich es dir nicht sagen konnte :
Vom Schatten des Schweigens zur befreienden Wahrheit
ISBN 978-957-32-8592-2(平裝)
1. 心理治療 2. 自我實現

178.8 108009828